EVELINE
CRONE

DAS
pubertierende
GEHIRN

EVELINE
CRONE

DAS pubertierende GEHIRN

Wie Kinder erwachsen werden

Aus dem Niederländischen
von Bärbel Jänicke

DROEMER

Die Originalausgabe erschien unter dem Titel »Het puberende brein«
bei Uitgeverij Bert Bakker, Amsterdam.

Besuchen Sie uns im Internet:
www.droemer.de

Die Folie des Schutzumschlags sowie die Einschweißfolie
sind PE-Folien und biologisch abbaubar.
Dieses Buch wurde auf chlor- und säurefreiem Papier gedruckt.

FSC
www.fsc.org
MIX
Papier aus verantwortungsvollen Quellen
FSC® C083411

Lektorat: Sabine Wünsch
Umschlaggestaltung: ZERO Werbeagentur, München
Umschlagfoto: mauritius images / Pierre Bourrier
Satz: Adobe InDesign im Verlag
Druck und Bindung: CPI books GmbH, Leck
Printed in Germany
ISBN 978-3-426-27552-8

2 4 5

Inhalt

1

Das adoleszente Gehirn in Bewegung

Was ist mit den Teenagern los?

Warum kommen Jugendliche in der Pubertät nicht aus den Federn? Warum werden Hausaufgaben immer erst in letzter Sekunde gemacht? Ist es denn so schwierig, realistisch zu planen? Warum müssen sie ohne Helm auf ihren Mopeds rasen oder auf schmalen Brücken mit dem Skateboard ihren Hals riskieren, und warum kommen sie nie pünktlich nach Hause? Jeder weiß, dass es nicht vernünftig ist, so verantwortungslos Risiken einzugehen. Warum ist es nur so schwer durchzurufen, wenn es später wird? Sie können stundenlang mit Freunden und Freundinnen am Telefon hängen, aber nicht mit den Eltern kurz den Tag durchsprechen. Wieso nur?

Diese Fragen wurden mir in den vergangenen Jahren bei meinen Vorträgen zur Funktionsweise des Gehirns von Pubertierenden in Schulen und andernorts immer wieder von Eltern und Lehrern gestellt. Bei diesen Vorträgen stellte sich heraus, dass Eltern von Heranwachsenden manchmal völlig ratlos sind und nicht verstehen können, warum ihr Kind, das früher vergnügt plaudernd am Küchentisch saß und erzählte, was es in der Schule alles erlebt hatte, sich nun plötzlich in seinem Zimmer einschließt und absolut keine Lust hat, auch nur ein Wort mit ihnen zu wechseln. Es kommt ihnen vor, als hätte das früher so offene Kind eine Metamorphose durchlaufen und läge nun ständig mit seinen Eltern und sich selbst im Clinch.

Eltern werden weniger ins Vertrauen gezogen, Jungen und Mädchen beginnen, sich füreinander zu interessieren, doch jetzt völlig anders als bei ihren Kinderfreundschaften. Alles wird viel komplizierter. Das ist verwirrend für die Eltern, aber vor allem natürlich für den Heranwachsenden selbst. Auch wenn wir alle wissen, dass sich in der Pubertät die Art und Weise, wie Jugendliche über sich, ihre Eltern und andere denken, grundlegend verändert, ist es doch schwer nachzuvollziehen, wie und warum das geschieht, und bleibt es uns oft ein Rätsel, was in ihren Köpfen vor sich geht.

Im Brain & Development Laboratory der Universität Leiden erforschen wir seit einigen Jahren, wie sich das Gehirn in der Adoleszenz verändert. Für diese Studien laden wir Kinder ab acht Jahren, Jugendliche sowie junge Erwachsene bis zu vierundzwanzig Jahren zur Teilnahme an unseren Experimenten ein. Wir lassen sie bestimmte Aufgaben lösen, Computerspiele spielen und stellen Fragen nach ihren Interessen und ihren alltäglichen Aktivitäten. Während sie diese Aufgaben erledigen, machen wir Aufnahmen von ihrem Gehirn. Um zu sehen, wie ihr Gehirn aussieht und wie es arbeitet, während sie die Aufgaben lösen. Wir blicken also direkt unter die Schädeldecke. Die Beobachtungen zeigen uns, wie das Gehirn pubertierender Jugendlicher deren Tun und Denken kontrollieren kann, wie sie planen, ihre Gefühle in den Griff bekommen und Freundschaften schließen.

Diese Beobachtungen eröffnen eine völlig neue Sichtweise auf das Verhalten und die Motivationen von Jugendlichen. Sie verhalten sich anders als Erwachsene, weil ihr Gehirn anders arbeitet. Auf diesem Gebiet erzielt die Wissenschaft riesige Fortschritte, doch in der breiten Öffentlichkeit ist davon leider noch wenig bekannt. Gelegentlich werden Forschungsergebnisse auch zu schnell in der Praxis umgesetzt, was schwerwiegende Folgen nach sich ziehen kann, etwa wenn sie nicht angemessen in die Unterrichtsplanung implementiert werden. In diesem Buch versuche ich, Schritt für Schritt einige unserer neuesten Erkenntnisse darzustellen. Ich beschreibe sie in einer Reihe von Kapiteln, die sich auf die verschiedenen Verhaltensaspekte Jugendlicher, auf ihr lernendes, emotionales, soziales und kreatives Denken beziehen.

Das Buch ist nicht als Elternratgeber für den richtigen Umgang mit Pubertierenden gedacht, es möchte vielmehr zu einem besseren Verständnis des Gehirns Pubertierender und der in ihm ablaufenden Veränderungsprozesse beitragen. Sicherlich wird sich das Verhalten ihres pubertierenden Kindes nicht schlagartig ändern, nachdem Sie das Buch gelesen haben; ein schwieriger Jugendlicher ist nach der Lektüre dieses Buches noch genauso schwierig! Aber vielleicht können Sie danach besser verstehen, warum sich der Teenager so unmöglich benimmt, so unsicher ist oder so schlecht planen kann.

Wenn Jugendliche an einer unserer Untersuchungen teilnehmen, beobachten die Eltern oft verblüfft, wie ihr Kind, das eben noch mit einem Gesicht wie sieben Tage Regenwetter schweigend im Auto saß, zu einem Sonnenscheinchen mutiert und fröhlich mit dem Versuchsleiter plaudert. Für Eltern ist das oft verwirrend. Wieso verändert sich die

Laune ihres Kindes so schlagartig, und warum verhält es sich zu Hause nicht so aufmerksam? Forschern ist diese Reaktion sehr geläufig. Eines unserer wichtigsten Forschungsergebnisse, auf das ich in diesem Buch immer wieder Bezug nehmen werde, ist die Erkenntnis, dass das Gleichgewicht zwischen den Aktivitäten der unterschiedlichen Hirnregionen bei pubertierenden Jugendlichen schnell nach der einen oder anderen Seite kippt. Während man früher nur darüber spekulierte, ob gewisse Hirnregionen bei Jugendlichen noch nicht völlig ausgereift seien, konnten wir nachweisen, dass auch die *Kommunikation* zwischen den Hirnregionen, die bei Jugendlichen in der Pubertät noch nicht optimal abläuft, von Bedeutung ist. Es kann also sein, dass auf der Fahrt zum Labor eine bestimmte Hirnregion dominant ist, bei der Ankunft aber schon eine andere. Kein Wunder, dass Jugendliche in der Pubertät so unberechenbar sind.

Bevor wir über diese Veränderungen des Gehirns sprechen, müssen wir uns zunächst von einem weitverbreiteten Irrtum über die Adoleszenz verabschieden. Fälschlicherweise geht man von der Annahme aus, mit der Jugend sei heute schwerer auszukommen als früher. Doch schon seit Jahrhunderten gelten Jugendliche als leichtsinnig, impulsiv, von Freunden leicht beeinflussbar und ihren Eltern gegenüber respektlos. Denken Sie nur an das klassische Pubertätsdrama *Romeo und Julia.* In dieser Shakespeareschen Liebesgeschichte, die auf einer spätmittelalterlichen Legende beruht, entbrannte Romeo so sehr in Liebe zu Julia, dass er sich trotz der Missbilligung der Eltern weiterhin mit ihr traf. Und die verwegenen Taten, die darauf folgten, hatten nur eines zum Ziel: sich der leidenschaftlichen Liebe hinzugeben. Die Geschichte endet in einem katastrophalen Akt: Julia täuscht ihren Tod vor, um so die Flucht mit Romeo zu ermöglichen. Doch Romeo, der sich offenbar nicht in Julia hineinversetzen kann, denkt, sie sei wirklich tot, und vergiftet sich. Impulsiv und unbesonnen, entspricht er ganz unserer heutigen Vorstellung von der Jugend. Viele denken, dass die Teenager heute größere Probleme verursachen als früher (»Die Jugend von heute hat keinen Respekt mehr vor der Autorität« usw.). *Romeo und Julia* zeigt jedoch, dass das nicht unbedingt zutrifft, denn diesen Verhaltensweisen begegnet man bei Jugendlichen zu allen Zeiten. Ihr unbesonnenes Verhalten kennzeichnet eher eine bestimmte Entwicklungsphase als eine gesellschaftliche Entwicklung.

Oft wird die Adoleszenz nicht als gesonderte, einzigartige Entwicklungsphase wahrgenommen, sondern nur als eine Zeit zwischen Kindheit und Erwachsenenalter, in der die Jugendlichen bockig und ungenießbar sind. Dabei ist die Adoleszenz eine Phase, in der sich das intellektuelle Potenzial, die emotionale Spannweite und die Sensibilität für die Ansichten Gleichaltriger im näheren Umfeld in ganz besonderer Weise verändern. In diesem Buch versuche ich, diese einzigartigen Veränderungen zu beleuchten.

Bis vor kurzem gehörte die Adoleszenz auch in der Forschung zu den Entwicklungsphasen Heranwachsender, die man am wenigsten verstand, doch dann hat sich das rasant geändert: In den letzten zehn Jahren sind wir in großen Schritten zu einem besseren Verständnis dieser speziellen Lebensphase gelangt. Die Anwendung moderner Untersuchungsmethoden ermöglicht es uns heute, das Gehirn in Aktion zu betrachten, was zu spektakulären Erkenntnissen geführt hat.

In diesem Buch möchte ich zeigen, dass die Adoleszenz sehr verständlich wird, wenn man sich die Veränderungen in der Entwicklung und der Organisation des Gehirns sowie den Einfluss der hormonellen Prozesse auf diese Entwicklung vor Augen führt. Die Veränderungen wirken sich auf die Art und Weise aus, wie Jugendliche (zum Beispiel in der Schule) neu erworbenes Wissen anwenden, mit Emotionen (wie Wut oder Trauer) umgehen und soziale Beziehungen (wie Freundschaften) knüpfen. Die Kommunikation zwischen den verschiedenen Hirnregionen wandelt sich, sie ist nicht mehr breit gefächert, sondern effizient; Nervenbahnen, die früher gewundenen Trampelpfaden glichen, werden nun zu vierspurigen Schnellstraßen. Aufgrund der Gehirnentwicklung ergeben sich in der Adoleszenz Phasen, in denen Neues leichter gelernt wird, und andere, in denen das besonders schwerfällt. Denken Sie nur an das Lernen einer Fremdsprache oder an sportliche oder musikalische Höchstleistungen. Wenn man jung ist, ist es viel leichter, eine Fremdsprache zu erlernen, und Jugendliche sind physisch oft zu besonderen sportlichen Glanzleistungen in der Lage. Wichtige Wachstumsphasen des Gehirns werden von Veränderungen eines zunehmend anspruchsvolleren sozialen Umfelds beeinflusst. Jugendliche entdecken in der Adoleszenz, wofür sie sich begeistern, eine Popgruppe etwa oder bestimmte Computerspiele, und welche Art Subkultur ihnen am besten entspricht. All diese Veränderungen haben einen großen Einfluss darauf, wie sie sich selbst sehen, wie sie mit anderen umgehen, welche Ziele und Interessen sie verfolgen und wie sie zu Idealen und Prinzipien stehen.

Was versteht man unter Adoleszenz?

Die Adoleszenz lässt sich am besten als eine Übergangsperiode zwischen der Kindheit und dem Erwachsenenalter kennzeichnen. Das Wort Adoleszenz ist von dem lateinischen Verb *adolescere* abgeleitet, das *aufwachsen* bedeutet. Welchen Lebensabschnitt die Adoleszenz beschreibt, wird kulturell unterschiedlich interpretiert. Im Allgemeinen umfasst sie die Jahre zwischen zehn und zweiundzwanzig. In diesem Zeitraum erfährt das Gehirn einen außerordentlichen Wachstumsschub. Besonders in der Organisation des Gehirns ergeben sich in dieser Phase einschneidende Veränderungen.

Es ist wichtig, sich bewusst zu machen, dass sich das Gehirn aus unterschiedlichen Strukturen mit jeweils eigenen Funktionen zusammensetzt. Für eine gute Wahrnehmung ist es beispielsweise unabdingbar, dass der hintere Teil des Gehirns (der visuelle Kortex) richtig funktioniert. Wohingegen verschiedene Formen intelligenten Handelns, wie das Planen und Speichern von Informationen, im vorderen Teil des Gehirns (dem frontalen Kortex) angesiedelt sind. Am Ende dieses Kapitels werden die Funktionen unterschiedlicher Hirnregionen kurz dargestellt.

In den ersten Jahren sind diese Strukturen sehr flexibel. Wenn eine Hirnregion nicht funktioniert, kann eine andere die Aufgaben der geschädigten Region übernehmen. Im Lauf der Entwicklung nimmt diese Flexibilität ab, da die einzelnen Hirnregionen spezifischere Funktionen erhalten. Sie können dann bestimmte Funktionen zwar viel besser erfüllen, sind jedoch nicht mehr so leicht für andere einsetzbar. Ein bekanntes Beispiel für diese Flexibilität stellt die Fähigkeit des Gehirns dar, Ausfallerscheinungen, die durch Epilepsie oder Unfälle ausgelöst werden, zu kompensieren. Epilepsie – eine Krankheit, die manchmal als »Fallsucht« bezeichnet wird – führt zu einer ungewöhnlichen Entladung der Nervenzellen im Gehirn und damit zu vorübergehender Bewusstlosigkeit. Epilepsieanfälle treten manchmal in einer solchen Häufigkeit und Stärke auf, dass die Betroffenen vollkommen handlungsunfähig werden. In diesen seltenen therapieresistenten Fällen wird in Erwägung gezogen, die Quelle der Anfälle operativ zu entfernen. Bei Erwachsenen kann eine solche Operation – abhängig davon, welche Region geschädigt ist – zu einem Ausfall bestimmter Funktionen führen, wie den Fähigkeiten, zu sprechen oder »kurzfristige« Informationen zu speichern. Bei kleineren Kindern übernehmen andere Gehirnregionen diese Funktionen viel leichter. In den ersten Jahren kann sogar eine Seite der Hirnrinde (der äußeren Schicht des Gehirns, die für komplexe Leistungen wichtig ist) entfernt werden, weil die andere deren Funktionen übernehmen kann. Zwar werden auch hierbei bestimmte Funktionen beeinträchtigt, doch die Einschränkungen fallen bei Kindern wesentlich geringer aus als bei Erwachsenen. Bei Kindern ist die *Plastizität* des Gehirns größer, da es sich noch mitten in einem Wachstumsprozess befindet und dementsprechend eben sehr flexibel ist.

Nicht alle Hirnregionen entwickeln sich gleich schnell. Die Geschwindigkeit, in der sie sich verändern, entscheidet darüber, welche Fähigkeiten Jugendliche in den unterschiedlichen Entwicklungsphasen entfalten. Das Zusammenwirken schneller und langsamer reifender Hirnregionen erklärt viele ihrer typischen Verhaltensweisen. Wenn die für »emotionale Kicks« zuständige Region schon aktiv wird, während sich der Emotionen zügelnde Bereich noch entwickelt, befinden sich Jugendliche kurzzeitig in einer

»Risikophase«, in der sie stärker zu riskanten Aktivitäten tendieren, ohne sie wirklich kontrollieren zu können.

In eine solche Risikophase fiel beispielsweise die unbedachte Entscheidung der fünfzehnjährigen Susanne. Susanne ist ein Mädchen, das gern etwas mit seinen Freundinnen unternimmt und Herausforderungen liebt. Tessa, eine ihrer Freundinnen, ist eine richtige Draufgängerin, und Susannes Eltern wäre es lieber, wenn Susanne nicht mit ihr herumziehen würde. Eines Abends, als die beiden Freundinnen miteinander chatteten, schlug Tessa vor, sich gemeinsam piercen zu lassen. Susanne wusste, dass ihre Mutter von dieser Idee überhaupt nichts hielt, und war unsicher, ob sie das wirklich tun sollte. Doch eines Samstagnachmittags kam sie beim Shoppen mit Tessa an einem Piercing-Laden vorbei. Die beiden betrachteten in der Auslage die unterschiedlichen Stecker und stellten sich vor, wie »cool« es wäre, wenn sie am Montag beide mit einem Piercing in die Schule kämen. Sie beschlossen daher, das Geld, das sie für eine neue Winterjacke bekommen hatten, für ein Piercing auszugeben. Es war aufregend und schmerzhaft, aber das Piercing sah super aus. Erst auf dem Heimweg kam es Susanne in den Sinn, dass sie zu Hause nun wohl erklären musste, warum sie das Verbot ihrer Eltern missachtet und das Geld, das für eine neue Jacke gedacht gewesen war, für das Piercing verwendet hat. Als sie vor dem Piercing-Laden gestanden hatte, war bei ihr die Hirnregion, die auf riskante Verhaltensweisen zusteuert, aktiver als diejenige, die sie zum Nachdenken über die Konsequenzen ihres Tuns veranlasst. In diesem Fall führte das Ungleichgewicht zu einer impulsiven Aktion, von der Susannes Eltern alles andere als begeistert waren.

Der berühmte Psychologe Stanley Hall charakterisierte die Adoleszenz schon um 1900 (in Anlehnung an die deutsche *Sturm und Drang*-Bewegung) als eine von *Storm and Stress* geprägte Zeit. Drei Merkmale sind in dieser Phase seiner Meinung nach immer vorhanden: Konflikte mit den Eltern, Stimmungsschwankungen und riskantes Handeln. Diese Vorstellung von *Storm and Stress* hatte einen starken Einfluss auf das Bild, das sich von der Adoleszenz entwickelte. Denn seit dieser Zeit wurde die Adoleszenz endlich als eine einzigartige Lebensphase mit ihren eigenen Problemen und Möglichkeiten anerkannt. Stanley Hall war zudem ein großer Verfechter einer Anpassung der schulischen Situation an die Entwicklung Jugendlicher, was zu seiner Zeit durchaus nicht selbstverständlich war.

Die *Storm and Stress*-Theorie wurde später einigen Korrekturen unterzogen, denn die Praxis zeigte, dass Jugendliche in der Adoleszenz nicht *nur* Kummer und Sorgen haben. Sie sind nicht immer rebellisch, und sie haben nicht ständig Konflikte mit ihren Eltern. Einige Jugendliche geraten sogar kaum mit ihren Eltern aneinander. Die Korrektur war auch nötig, weil manche Wissenschaftler die *Storm and Stress*-Theorie allzu wörtlich genommen hatten. Die Psychoanalytikerin Anna Freud (die Tochter von Sigmund Freud) war davon sogar so angetan, dass sie die These vertrat, *Storm and Stress* sei für eine gesunde Entwicklung *notwendig*. Doch das trifft sicherlich nicht zu. Die Wahrscheinlichkeit aber, dass die Mehrzahl der Jugendlichen in der Adoleszenz *Storm and Stres*s erleben, ist sehr hoch. Und wenn es in einem Leben überhaupt zu einer *Storm and Stress*-Phase kommt, dann häufiger in diesem als in jedem anderen Lebensabschnitt.

Hormone außer Rand und Band

Pubertät und Adoleszenz werden oft miteinander verwechselt. Sie sind jedoch deutlich voneinander zu unterscheiden: Die Pubertät ist als Phase der sexuellen Reifung ein Teil der Adoleszenz. Sie findet im Alter zwischen zehn und vierzehn Jahren statt, und obwohl sie bei Jungen und Mädchen gleichzeitig einsetzt, sind die äußeren Anzeichen der Pubertät bei Mädchen früher erkennbar. Die Pubertät wird oft als eine schwierige Zeit beschrieben. Das Verb »pubertieren« wird sogar häufig als Synonym für aufmüpfiges Verhalten gebraucht. Dessen ungeachtet ist die Pubertät eine völlig normale Entwicklungsphase, ebenso wie die Kleinkind- und die Kinderzeit. Außerdem lässt sich das Verhalten Jugendlicher in dieser Phase sehr gut anhand der hormonellen Veränderungen und der neuen Verknüpfungen des Gehirns erklären.

Viele Eltern bemerken die Veränderungen ihrer Kinder. Sams Mutter fiel vor kurzem auf, dass ihr Sohn – ein fröhlicher Dreizehnjähriger mit einem großen Freundeskreis – in letzter Zeit oft unsicher wirkt, obwohl er früher nie Schwierigkeiten hatte, neue Freunde zu gewinnen. Er leidet immer stärker unter Pickeln, und hin und wieder überschlägt sich plötzlich seine Stimme. Die Mädchen in seiner Klasse kichern darüber, was ihn noch mehr verunsichert. Er findet das ärgerlich, denn früher war es ihm egal, was die Mädchen von ihm hielten. Er versteht nicht, warum ihn ihr Benehmen plötzlich so befangen macht. Am liebsten wäre es ihm, alles wäre wieder wie früher, deshalb würdigt er die Mädchen keines Blickes, zieht mit seinen Fußballfreunden los und hofft, so seine Unsicherheit in den Griff zu kriegen.

Die mit Abstand bekanntesten biologischen Veränderungen in der Adoleszenz werden von Hormonen beeinflusst. Diese Veränderungen sind wahrscheinlich deshalb so bekannt, weil sie sich so sichtbar auf das Äußere auswirken: Unter dem Einfluss der Hormone verwandelt sich der kindliche Körper in den eines Erwachsenen. Bei Mädchen setzt die Pubertät mit etwa zehn Jahren ein und ist von einer Reihe wichtiger körperlicher Veränderungen geprägt: die Mädchen durchlaufen einen Wachstumsschub, die Brüste entwickeln sich, die Hüften werden breiter, Schamhaare und Achselhaare beginnen zu sprießen, und etwa sechs Monate nach dem Beginn dieser äußerlichen Veränderungen setzt zum ersten Mal die Menstruation ein. Bei Jungen ist der Beginn der Pubertät gewöhnlich etwa ein Jahr später erkennbar. Er geht ebenfalls mit einem Wachstumsschub und dem Sprießen von Scham- und Achselhaaren einher, die Geschlechtsorgane wachsen, die Stimme wird tiefer, außerdem entwickelt sich der Bartwuchs.

Das Einsetzen dieser Veränderungen geht auf die Ausschüttung von Geschlechtshormonen in den endokrinen Drüsen zurück. Diese Drüsen sind durch Blutbahnen permanent mit einer wichtigen Hirnregion, dem Hypothalamus, verbunden und kommunizieren auf diesem Weg mit ihm ständig über die Höhe der Hormonausschüttung. Bei diesem Prozess reguliert der Hypothalamus den Hormonhaushalt; er misst gewissermaßen das Hormonniveau und signalisiert den endokrinen Drüsen die Höhe der erforderlichen Hormonausschüttung. Die vermehrte Ausschüttung des Gonadotropin-Releasing-Hormons (GnRH) signalisiert das Einsetzen der Pubertät. GnRH wird zwar auch vorher schon produziert, jedoch in so geringem Maß, dass es die Entwicklung der Geschlechtsmerkmale nicht beein-

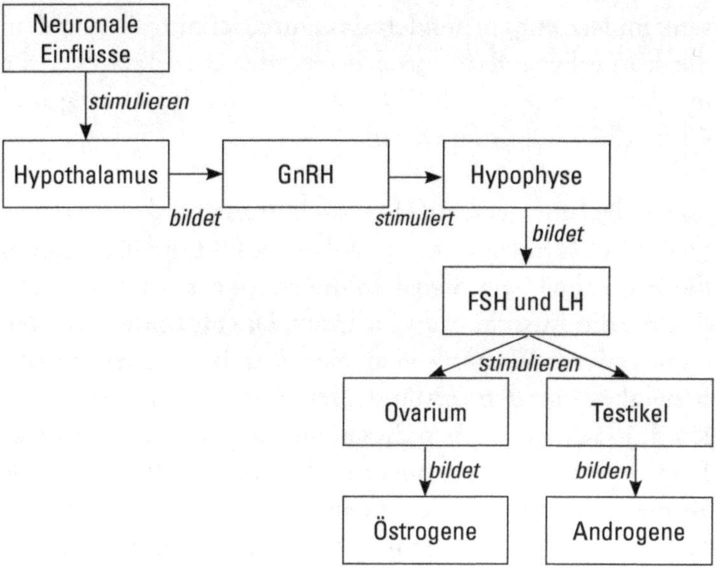

Der Hypothalamus bildet das Gonadotropin-Releasing-Hormon (GnRH). Das GnRH stimuliert die Hypophyse, die wiederum die gonadotropinen Hormone FSH (follikelstimulierendes Hormon) und LH (luteinisierendes Hormon) produziert. Diese regen das Ovarium und die Testikel zur Produktion von Östrogenen und Androgenen an, die bei Teenagern u. a. eine Veränderung ihres Äußeren bewirken.

flusst. Erst wenn sich Frequenz und Quantität der GnRH-Ausschüttung steigern, setzt die Pubertät ein.

Schwerere Kinder kommen durchschnittlich früher in die Pubertät als leichtere, und in einigen Kulturen setzt die Pubertät früher ein als in anderen. Wir nehmen daher an, dass der Beginn der Geschlechtsreife von der körperlichen Bereitschaft abhängt, in einem Umfeld mit hohen Überlebenschancen Kinder zu gebären. In der westlichen Welt sank im letzten Jahrhundert das Durchschnittsalter, in dem die körperliche Reife erreicht wurde, eine Tatsache, die möglicherweise mit der Qualität unserer Ernährung und Gesundheit zusammenhängt.

Die Steigerung der GnRH-Ausschüttung wird also von Signalen des Gehirns initiiert, wobei der Hypothalamus über die Blutbahnen ein Signal an die endokrinen Drüsen sendet, die die Ausschüttung auslösen. Die Hormone arbeiten – mit anderen Worten – nicht eigenständig, sondern in Abhängigkeit von den verstärkenden oder hemmenden Signalen des Gehirns. Neben diesen Signalen, die die Entwicklung unseres Körpers steuern, üben die Hormone mittels Kommunikation mit dem Gehirn Einfluss auf unser Fühlen und Denken aus. Sam spürt beispielsweise nicht nur, dass sich sein Körper verändert, er fühlt sich auch anders. Hormone wirken sich hier auf doppelte Weise aus.

Einerseits kann eine Erhöhung des Hormonspiegels dazu führen, dass Zellen in bestimmten Hirnregionen zeitweilig besonders aktiv werden. Dieser hormonelle Einfluss ist jedoch nicht der Pubertät vorbehalten, er besteht auch im Erwachsenenalter. Er kann bewirken, dass wir uns müde und niedergeschlagen fühlen oder besonders gut gelaunt sind.

Andererseits haben Hormone zentrale organisatorische Auswirkungen auf die Hirnentwicklung und sind für die Pubertät durchaus charakteristisch. In der Adoleszenz verändern sich sowohl die Strukturen als auch die Kommunikation zwischen Hirnarealen noch weitreichend. Das Vorhandensein oder Fehlen eines bestimmten Hormons kann sich dabei nachhaltig auf die Gehirnaktivität auswirken. Bei bestimmten Entwicklungsstörungen setzt die Pubertät bei den betroffenen Kindern nicht ein, weil sich die GnRH-Ausschüttung zu spät erhöht. Dieser Mangel kann mit Hilfe einer Hormonbehandlung behoben werden. Wird das Hormon, das der Körper normalerweise selbst produziert, in der Phase zugeführt, in der die Pubertät üblicherweise einsetzt, werden die intellektuellen Fähigkeiten des Jugendlichen kaum beeinträchtigt. Wird es jedoch nicht oder zu einem viel späteren Zeitpunkt verabreicht, wirkt sich dies zum Beispiel auf die Fähigkeit aus, räumliche Sachverhalte zu organisieren, etwa um sich einen Weg einzuprägen. Die Funktion der räumlichen Informationsverarbeitung wird von einer Hirnregion gesteuert, die im äußeren Bereich des Gehirns liegt, der in der Pubertät noch stark wächst.

Kurz gesagt: Wenn bei Jugendlichen in der Adoleszenz keine hormonelle Umstellung stattfindet (und die Pubertät daher nicht einsetzt), werden sie in bestimmten Bereichen weniger leistungsfähig sein. Zwischen Gehirnfunktionen und Hormonhaushalt besteht also eine wichtige Wechselwirkung: Sie sind aufeinander angewiesen. Wenn das Gehirn den endokrinen Drüsen nicht signalisiert, dass das GnR-Hormon mit seiner Arbeit beginnen soll, beeinträchtigt der damit einhergehende Hormonmangel seinerseits die Entwicklung des Gehirns.

Welchen Einfluss haben diese Hormone denn nun genau auf das Verhalten von Teenagern? Es ist bekannt, dass sich der Körper unter dem Einfluss von GnRH verändert. Diese Veränderungen wirken sich natürlich stark darauf aus, wie Jugendliche sich und andere wahrnehmen. Sam ist sich seines Äußeren nun viel bewusster geworden und achtet stärker darauf, wie sich andere Jungen und Mädchen seines Alters verhalten. Da die Pubertät nicht bei allen im gleichen Alter beginnt, unterscheiden sich Jugendliche in ihrem Äußeren zu Anfang der Pubertät stark voneinander. Während manches Mädchen schon kräftig wächst und sich seine Brüste entwickeln, kann ein anderes von körperlichen Veränderungen noch nichts wahrnehmen. Da bei Mädchen das Einsetzen der Pubertät gewöhnlich eher erkennbar ist als bei Jungen, ist ein Entwicklungsunterschied zwischen den Geschlechtern im Alter zwischen zehn und zwölf sehr bezeichnend.

Der Zeitpunkt, zu dem die Pubertät bei Jungen und Mädchen einsetzt, wirkt sich nachhaltig auf ihre soziale Identität aus. Mädchen leiden darunter, wenn sie früh in die Pubertät kommen; sie werden schneller depressiv und haben häufiger Essstörungen als Mädchen mit einer später einsetzenden Pubertät. Bei »frühreifen« Jungen steigt dagegen das Selbstwertgefühl; sie sind angesehener als Jungen, bei denen die Pubertät später beginnt. Worin genau der Grund für diese unterschiedlichen Reaktionen liegt, ist bislang unbekannt. Die vermehrt auftretende Depressivität bei Mädchen könnte unmittelbar auf die Hormone zurückzuführen sein, doch höchstwahrscheinlich ist sie eher eine Reaktion auf die hormonell bedingten Veränderungen. Durch die Hormone wandelt sich der Körper der Mädchen, er wird voller und entfernt sich damit immer weiter von dem in den Medien verbreiteten Schönheitsideal. Eine Sechzehnjährige schreibt auf der Internetseite www.beperkthoudbaar.info (einer interessanten Seite, die das Augenmerk auf die natürliche Schönheit des Körpers lenkt): »Ich bin 1,75 m groß und wiege 70 Kilo, ich bin also absolut nicht zu dick, aber das Fett sitzt an den verkehrten Stellen. Wenn man sich umschaut, sieht man überall schlanke Mädchen in engen Jeans, die ich nicht tragen kann, weil ich sie nicht über meinen Hintern und meine Beine bekomme. In meine Klasse gehen drei andere Mädchen, die schlank sind und hübsche Kleider tragen, die mir nicht passen. Ich würde das Fett an meinen Beinen gern spenden, denn ich habe nichts davon, es macht mich nur unglücklich.«

Das zusätzlich eingelagerte Körperfett kann das Selbstbild früh pubertierender Mädchen stark beeinträchtigen. Sie fühlen sich oft unsicher, weil sie zeitweise mehr wiegen als ihre Altersgenossen. Diäten helfen oft nicht und vermitteln damit zusätzlich das unselige Gefühl, versagt zu haben. Bei Jungen wird ein entwickelter Körper hingegen besonders geschätzt, so dass früh pubertierende an Prestige gewinnen.

Die unmittelbaren Auswirkungen der Pubertät verändern auch die sexuellen Interessen, Phantasien und Aktivitäten, die mit dem Alter der Jugendlichen zunehmen. Studien der Rutgers Nisso Groep in Utrecht (www.seksonderje25e.nl) haben ergeben, dass siebenundvierzig Prozent der Heranwachsenden zwischen elf und vierzehn sexuelle Phantasien haben. Fünfzig Prozent hatten mit dreizehn Jahren schon ihren ersten Zungenkuss. Zwölfjährige Jungen haben zwar mit Zungenküssen mehr Erfahrung als Mädchen, aber ab dreizehn ziehen die Mädchen schnell nach. Mit siebzehn gibt es in dieser Hinsicht keinen Unterschied mehr. Fünfzig Prozent der Jugendlichen geben an, dass sie mit vierzehn einander zum ersten Mal unter der Kleidung gestreichelt und mit sechzehneinhalb nackt miteinander geschmust haben. Die meisten Teenager erleben ihren ersten Koitus im Alter von siebzehn Jahren (Mädchen früher als Jungen). Es ist logisch, dass sie sich aufgrund dieser Veränderungen ihres sexuellen Denkens und Handelns immer stärker an Gleichaltrigen orientieren. Während Gleichaltrige in der Kindheit vor allem als Spielkameraden betrachtet werden, mit denen man etwas unternehmen kann, nehmen sie in der Adoleszenz eine ganz andere Rolle ein. Die Freundschaften werden viel intimer und orientieren sich stärker an Vertrauen und gegenseitiger Wertschätzung.

Neben einem sich neu entwickelnden sexuellen Interesse ziehen hormonelle Veränderungen stärkere Stimmungsschwankungen nach sich. Hormone wirken sich direkt auf die Hirntätigkeit aus und geben den emotionsverarbeitenden Arealen gelegentlich einen kräftigen Schub. Weinen und Lachen liegen da nah beieinander. Ein Effekt, den die Notwendigkeit, sich ständig auf ein wechselndes Umfeld (Zuhause, Schule, Freunde) einzustellen, noch verstärkt. Da können die Emotionen schon einmal überschwappen! Als Susanne mit ihrem neuen Piercing nach Hause kam, war die ausgelassene Stimmung, die sie eben noch mit Tessa geteilt hatte, als sie mit ihren silbernen Neuerwerbungen durch die Stadt stolziert waren, schnell dahin. Ihre Eltern waren enttäuscht, als sie entdeckten, dass Susanne ihr Kleiderbudget für ein Piercing ausgegeben hatte. Woraufhin Susanne in Tränen ausbrach und sich grämte, weil ihre Eltern sich nicht einfach für sie freuen konnten. Ihre Stimmung schlug um wie ein Fähnchen im Wind.

Es ist gut zu wissen, dass das normale Veränderungen sind, die zur Pubertät dazugehören. Zum Erwachsenwerden und zur Entwicklung einer sozialen Identität gehören eben auch Veränderungen des sozialen und des emotionalen Verhaltens. Wenn ein Teenager mit fünfzehn immer noch mit den Kindern in der Straße Fangen spielt, am liebsten mit seinen Eltern unterwegs ist und keine Zeit mit Gleichaltrigen verbringt, ist das ungünstig für seine soziale Entwicklung. Die Entwicklung zu einem vollwertigen Mitglied der Gesellschaft ist ein Prozess mit Höhen und Tiefen, die sich oft auf ein Hirnsystem zurückführen lassen, das schnell aus dem

Gleichgewicht gerät. Die Adoleszenz ist nun einmal eine Phase, in der sich das Gehirn noch mitten in einem Wachstumsprozess befindet und die emotionsregulierenden Regionen des Gehirns das letzte Wort haben (siehe Kapitel 3).

Ständiger Jetlag

Susannes sechzehnjähriger Bruder Dennis hat seit kurzem einen Nebenjob. Er trägt samstagmorgens Zeitungen aus und möchte sich damit seinen Spanienurlaub finanzieren. Obwohl ihm viel daran liegt, sich das Geld für den Urlaub zu verdienen, hat er schon mehrere Samstage nacheinander verschlafen. Er stellt sich sogar zwei Wecker, doch er überhört beide und schläft weiter. An den ersten beiden Samstagen hat ihm seine Mutter aus der Bredouille geholfen. Als ein Anruf kam und gefragt wurde, warum ihr Sohn nicht zur Arbeit gekommen sei, hat sie sich schnell ins Auto gesetzt und ihm bei seinem Zeitungsjob geholfen. So konnte er zum Glück noch rechtzeitig ausliefern. Am dritten Samstag hatte sie jedoch keine Lust mehr, ihn aus den Federn zu holen. Sie war der Meinung, als Sechzehnjähriger müsse er nun selbst die Verantwortung dafür übernehmen, rechtzeitig aufzustehen. Es ist nicht so, dass Dennis nicht aufwachen will, doch er schafft es einfach nicht, rechtzeitig aus dem Bett zu kommen.

Spät zu Bett gehen, morgens schwer wach werden und am Wochenende bis in die Puppen schlafen sind typische Verhaltensweisen, an die sich wohl jeder aus seiner eigenen Teenagerzeit erinnern kann. In der Pubertät schüttet der Körper das Schlafhormon Melatonin immer später aus, wodurch sich der Bio- und damit der Schlaf-wach-Rhythmus der Jugendlichen verändern. Kinder werden oft schon am frühen Abend schläfrig, so dass sie etwa um acht oder neun Uhr müde genug sind, um einzuschlafen. Bei Jugendlichen springt das Einschlafsystem abends jedoch noch gar nicht an, so dass es ihnen oft vor elf oder zwölf Uhr kaum gelingt einzuschlafen, obwohl ihr Körper aufgrund der körperlichen Veränderungen (zum Beispiel eines Wachstumsschubs) in der Pubertät eigentlich mehr Schlaf benötigt. Dadurch geraten Teenager in eine missliche Lage: Abends starren sie manchmal bis Mitternacht an die Decke, und morgens kriegen sie kaum die Augen auf. Das kann manchmal problematisch sein. Dennis hätte es zum Beispiel fast den Job gekostet, weil er immer wieder zu spät zur Arbeit kam.

Weil es Teenagern schwerfällt aufzustehen, entsteht bei morgendlichen Aktivitäten leicht der Eindruck, sie seien Autoritäten gegenüber völlig respektlos. Denken Sie nur an Sportvereine, in denen Wettkämpfe oft früh beginnen und Jugendliche manchmal schon um acht Uhr morgens auf dem Fußballplatz erwartet werden. Gegen solche Terminplanungen begehren Jugendliche auf. Doch hinter dem vermuteten Autoritätsproblem steckt nicht immer eine freie Entscheidung, sondern manchmal schlichtweg ein veränderter Biorhythmus. Denn im Grunde befinden sich Jugendliche während der Pubertät ständig im Jetlag.

Im Durchschnitt brauchen Kinder zehn Stunden Schlaf pro Nacht. Erwachsene fühlen sich gewöhnlich schon nach acht ausgeruht, und Jugendliche benötigen ungefähr neun bis neuneinhalb Stunden. Doch so viel Schlaf bekommen sie fast nie, denn abends können sie nur schwer einschlafen und morgens müssen sie früh zur Schule. So besteht die Gefahr, dass sich bei ihnen ein chronischer Schlafmangel aufbaut, der sich stark auf ihr Verhalten auswirkt, so dass sie in einen Teufelskreis geraten. Denn wenn man unter Schlafmangel leidet, ist es schwieriger, Informationen zu speichern oder kreativ zu sein. Außerdem kann Schlafmangel die für die Pubertät typischen Stimmungsschwankungen verstärken. In extremen Fällen kann er sogar zu Depressionen führen und das Immunsystem beeinträchtigen.

Im Staat Minnesota in den USA hat man daher mit einem späteren Unterrichtsbeginn experimentiert. Während der Unterricht früher um 7:20 Uhr anfing, beginnt die erste Stunde heute nicht vor 8:30 Uhr. Erste Ergebnisse der Schule zeigen, dass sich die Noten verbessert und die Verhaltensprobleme verringert haben. In den Niederlanden und in Deutschland beginnt der Unterricht an Schulen zu unterschiedlichen Zeiten, nicht selten aber um acht Uhr. Solange ein derart früher Unterrichtsbeginn an der Tagesordnung ist, sollte man den Schlafmangel Jugendlicher wenigstens so gering wie möglich halten und sie zum Beispiel am Wochenende ausschlafen lassen. Bis Mittag zu schlafen ist weder aufsässig noch faul; die Heranwachsenden brauchen den Schlaf einfach, um in der kommenden Woche im Unterricht leistungsfähig zu sein.

Entwicklung zu einem erwachsenen Mitglied der Gesellschaft

Das Alter zwischen zehn und zweiundzwanzig, also eigentlich die gesamte Adoleszenzphase, wird als sozialer Reifeprozess aufgefasst. Bisher wurden einige Charakteristika beschrieben, die das Einsetzen der Pubertät beziehungsweise den Beginn der Adoleszenz (im Alter zwischen zehn und vierzehn) betreffen. Doch danach ist ein Jugendlicher längst nicht erwachsen. Auch in der mittleren und späten Adoleszenzphase (zwischen fünfzehn und achtzehn beziehungsweise neunzehn und zweiundzwanzig) kommt es auf dem Weg zum Erwachsensein noch zu einer Reihe gravierender Veränderungen, die wir auf den Nenner *sozialer Reifeprozess* bringen können.

Zunächst einmal ergeben sich in der Adoleszenz einschneidende Veränderungen der kognitiven Fähigkeiten. Der in der Psychologie gängige Begriff Kognition leitet sich von dem lateinischen Wort *cognoscere* ab, das *wissen* oder *kennen* bedeutet. Die Kognition lässt sich auch als unser »Denkvermögen« beschreiben. Die kognitiven Veränderungen sind zum Beispiel für die schulischen Leistungen von Belang. Jean Piaget, einer der bekanntesten Entwicklungspsychologen, geht in seinem Buch *Das Erwachen der Intelligenz beim Kinde* davon aus, dass wir im Lauf unserer kindlichen Entwicklung nach und nach immer komplexeres Wissen aufnehmen können. Die Steigerung der kognitiven Fähigkeiten hängt mit der Entwicklung der exekutiven Funktionen zusammen. Diese »ausführenden« Funktionen sind für komplexes und zielgerichtetes Handeln wichtig. Exekutive Funktionen bestehen aus mehreren Teilprozessen, wie der Fertigkeit, Informationen gedanklich zu speichern, flexibel von einer Regel zu einer anderen zu wechseln und Handlungen rechtzeitig abzubrechen. Die Entwicklung exekutiver Funktionen ermöglicht es uns zunehmend besser, mit Veränderungen in unserem Umfeld umzugehen, mehrere Aufgaben gleichzeitig zu erledigen oder einen Plan neuen Gegebenheiten anzupassen. Jede der exekutiven Funktionen folgt einem eigenen Entwicklungsverlauf. Es ist wichtig zu wissen, dass sich alle diese Fertigkeiten in der Adoleszenz noch weiterentwickeln und wir erst dann zu überlegten Entscheidungen fähig sind, wenn alle diese Teilkompetenzen zusammenwirken.

Die Adoleszenz ist vor allem eine entscheidende Phase dafür, hypothetisches und kritisches Denken – eine wichtige Teilkompetenz der exekutiven Funktionen – zu erlernen. Ein grundlegendes Merkmal hypothetischen Denkens ist die Fähigkeit, sich in die Lage eines anderen hineinzuversetzen und die Perspektive einer anderen Person einzuschätzen. Im Lauf ihrer Entwicklung können Jugendliche immer besser über Szenarien nachdenken wie »Er denkt, dass sie denkt, dass er denkt, weil er früher dachte …«. Daher wirken Teenager zunehmend kritischer und sind jederzeit zu Diskussionen aufgelegt, wenn ihnen etwas nicht passt. Denn sie können Argumente nun besser abwägen und sich zugleich besser in andere hineinversetzen. Welche Hirnregionen für die kognitive Entwicklung maßgeblich sind, thematisiert Kapitel 2.

Die Adoleszenz wird nicht nur von der Entwicklung kognitiver Fähigkeiten geprägt, auch der Umgang mit eigenen Emotionen und deren Bezug zu den Emotionen anderer verändern sich. Jugendliche gewinnen in der Adoleszenz eine neue Sichtweise auf ihr soziales Umfeld. Die Art und Weise, wie sie sich selbst und andere wahrnehmen, wandelt sich.

Nach Auffassung des niederländischen Entwicklungspsychologen Michiel Westenberg durchlaufen Jugendliche in der Adoleszenz mehrere Stadien sozialer Entwicklung, die alle zu ihrem Reifeprozess beitragen. Vier solcher Stadien spielen eine wichtige Rolle. Das erste, das impulsive Stadium, ist durch ein Zusammenspiel von Impulsivität, Abhängigkeit und Folgsamkeit geprägt. Impulsiv geben Jugendliche aggressiven und sexuellen Impulsen nach, gleichzeitig sind sie anderen gegenüber empathisch. In diesem Stadium erwarten Heranwachsende, dass andere sofort auf ihre Wünsche und Bedürfnisse eingehen. Von Eltern und Lehrern erwarten sie, dass diese ihnen deutlich machen, wie sie sich verhalten sollen, und ihnen klar sagen, was erlaubt und was verboten ist. Daher ist ihr impulsives Verhalten in dieser Phase noch leicht korrigierbar.

Das folgende selbstbeschützende Stadium ist von der Fähigkeit zur Selbsthilfe und von opportunistischen Beziehungen geprägt. Die abhängige Haltung des impulsiven Stadiums wird von einer selbstbeschützenden abgelöst, in der sich die Heranwachsenden darum bemühen, ihrer eigenen Impulse Herr zu werden. Verletzte oder angstvolle Gefühle werden oft geleugnet. In dieser Phase überwiegen zumeist hedonistische Ziele, Freundschaften werden in Hinblick auf den eigenen Vorteil geschlossen.

Im anschließenden konformistischen Stadium kommt es zu einem Umbruch, denn diese Phase ist von Anpassung, Gleichheit, Gegenseitigkeit und sozialem Handeln geprägt. Während in den vorangehenden Stadien eine egozentrische Haltung überwog, machen sich Jugendliche im konformistischen Stadium auch die Interessen anderer zu eigen. Im Freundeskreis zeigt man sozial erwünschtes Verhalten und fürchtet Kritik und Ablehnung. Beziehungen beruhen auf Gegenseitigkeit, man muss sich mögen und sich bei gemeinsamen Aktivitäten einig sein.

In der letzten Phase, dem selbstbewussten Stadium, liegt der Akzent auf Individualität, persönlichen Beziehungen und Toleranz. Jugendliche haben in dieser Zeit stärker ihre persönlichen Gefühle und Wünsche im Blick, selbst dann, wenn sie nicht mit dem in Einklang stehen, was innerhalb der Gruppe als wünschenswert gilt. Individualität und

Die Stadien sozial-emotionaler Entwicklung nach Michiel Westenberg.

Wahrhaftigkeit stehen in dieser Phase im Vordergrund, und es ist den Jugendlichen bewusst, dass sie damit auf Ablehnung stoßen können. Die Entscheidung darüber, was richtig ist, hängt vom Einzelnen und von den jeweiligen Umständen ab; daher ist diese Phase von größerer Toleranz und Flexibilität geprägt.

Da die einzelnen Phasen individuell unterschiedlich schnell durchlaufen werden, ist es schwierig, Altersgrenzen für die jeweiligen Stadien anzugeben. Allgemein lässt sich jedoch sagen, dass sich die meisten Kinder in der Altersgruppe zwischen acht und zwölf im impulsiven oder im selbstbeschützenden Stadium befinden, ungefähr mit zwölf nimmt ihre Zahl darin jedoch schnell ab. Im Alter zwischen zwölf und vierzehn wechseln die meisten Jugendlichen vom selbstbeschützenden in das konformistische Stadium. Dieses erreicht seinen Spitzenwert bei Jugendlichen um sechzehn und verliert danach langsam an Bedeutung. Das selbstbewusste Stadium entwickelt sich erst ab sechzehn und steigert sich bis zu einem Alter von einundzwanzig Jahren, bevor es sich stabilisiert. Im Alter zwischen einundzwanzig und fünfundzwanzig befinden sich etwa fünfundsiebzig Prozent aller jungen Erwachsenen im selbstbewussten Stadium.

Mittlerweile wissen wir, dass sich die Funktionsweise und die Organisation des Gehirns während der soeben beschriebenen Phasen weitreichend verändern. Dadurch verstehen wir immer besser, was den Wandel des sozialen und emotionalen Verhaltens in dieser Zeit verursacht. In den folgenden Kapiteln möchte ich diese Veränderungen im Gehirn darstellen und zu einigen Verhaltensweisen Jugendlicher in Beziehung setzen: zu ihren schwankenden schulischen Leistungen (Kapitel 2), ihren heftigen emotionalen Reaktionen und ihren Möglichkeiten (oder Schwierigkeiten), ihre Emotionen zu kontrollieren (Kapitel 3). Darüber hinaus möchte ich aufzeigen, welche Hirnregionen für Freundschaften und Beziehungen bedeutsam sind und wie sich Freundschaften in dieser Zeit verändern (Kapitel 4). Ganz sicher sollte man die Adoleszenz nicht nur als eine Phase jugendlichen Unvermögens ansehen, denn sie ist zugleich eine Zeit einzigartiger Möglichkeiten (Kapitel 5).

Heute können wir diese Veränderungen in einen Zusammenhang mit der Entwicklung des Gehirns setzen. Bis vor zehn Jahren waren wir kaum in der Lage, uns ein Bild von der Entwicklung der Gehirnaktivität zu machen. Natürlich wurde aufgrund von Untersuchungen bei Erwachsenen viel darüber spekuliert, aber die Überlegungen blieben doch nur Mutmaßungen. Wirkliche Messungen der Gehirnaktivität sind erst seit einigen Jahren möglich, und seither haben sich unsere Messmethoden und unser Wissen sprunghaft entwickelt. Nicht umsonst steht die Gehirnforschung in letzter Zeit stark im Mittelpunkt des Interesses. Bevor wir uns den Kapiteln zuwenden, die sich mit dem Gehirn und den Verhaltensweisen Jugendlicher beschäftigen, hier zunächst einige Informationen über den Aufbau des Gehirns und die Verfahren, mit denen sich Gehirnaktivität messen lässt.

Der Aufbau des Gehirns

Das Gehirn, das im oberen Teil des Schädels liegt, ist ein äußerst komplexes Organ. Es besteht aus zig Milliarden Nervenzellen (Neuronen), von denen jede mit einer Vielzahl anderer Nervenzellen in Verbindung steht. Das Besondere dieser Zellen liegt darin, dass sie sich zu Netzwerken vereinen und miteinander kommunizieren. Zusammen mit dem Rückenmark bildet das Gehirn das zentrale Nervensystem.

Das Gehirn setzt sich aus grauer und weißer Substanz zusammen. Die graue Substanz besteht aus den Zellkörpern von Nervenzellen. Die Nervenzellen setzen Aktionspotenziale (Wellen elektrischer Entladung) frei und übermitteln auf diese Weise Informationen an andere Zellen. Sie werden von Gliazellen (Glia = Leim) unterstützt, die Myelin (eine leitende, isolierende Schutzsubstanz) produzieren, den Erhalt der Struktur gewährleisten und Rückstände entsorgen. Die weiße Substanz besteht aus Axonen (einer Art Fortsatz der Nervenzellen), welche die Nervenzellen über große Distanzen miteinander verbinden.

Das Gehirn ist in unterschiedliche Teile mit jeweils eigenen Funktionen gegliedert. Um mehr über diese Funktio-

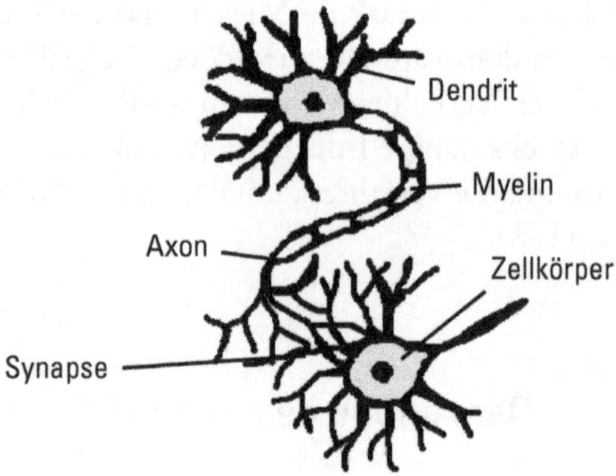

Darstellung einer Gehirnzelle, die aus einem Zellkörper, einem Axon und einem Dendriten besteht. Das Axon ist von Myelin, einer leitenden weißen Substanz, umgeben. Signale werden über die Synapsen weitergeleitet, die Aktionspotenziale generieren. Auf diese Weise wird Information von einer Zelle zur anderen weitergegeben.

nen zu erfahren, muss man die Zuständigkeiten der verschiedenen Areale unterscheiden. Das Cerebellum ist die am weitesten hinten gelegene Struktur des Gehirns, die fast wie ein Pilz aussieht. Es ist am Erlernen motorischer Fertigkeiten beteiligt und auch für die Kraft der Motorik von Bedeutung. Die Brücke, ein kleiner Teil ganz am Ende des Rückenmarks, ist die evolutionär älteste Gehirnstruktur. Sie übermittelt Informationen von den höher gelegenen Gehirnregionen zum Cerebellum. Oberhalb der Brücke befindet sich das Mittelhirn, das auch für sensorische und motorische Signale wichtig ist. Vor dem Mittelhirn liegen Thalamus und Hypothalamus. Diese beiden sind für die Steuerung von Hormonen und Körperfunktionen sowie für die Wärme- und Kälteregulierung zuständig.

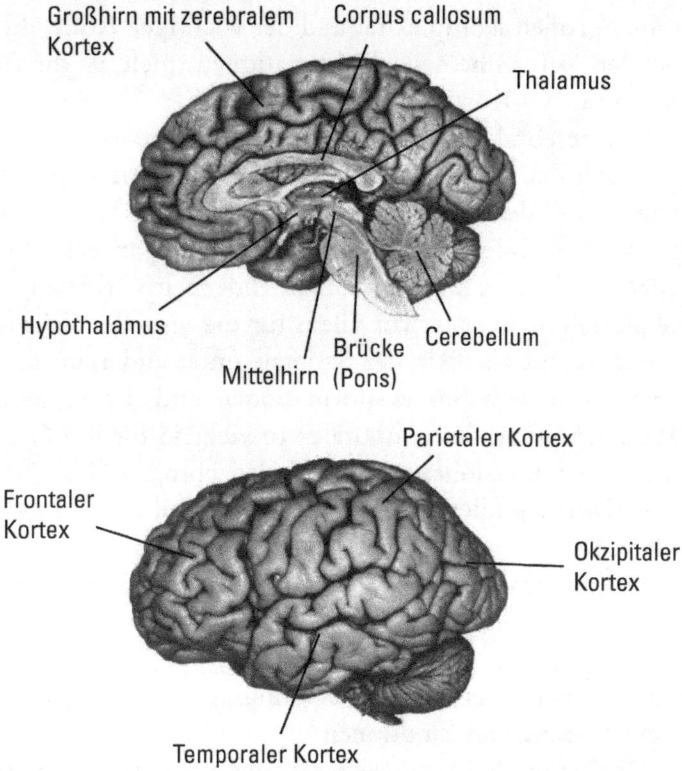

Darstellung der wichtigsten Gehirnstrukturen. Die obere Abbildung zeigt einen Querschnitt, die untere eine Seitenansicht des Gehirns.

Weiter vorn liegt das Großhirn mit dem zerebralen Kortex (der Hirnrinde). Der zerebrale Kortex ist eine in sich gewundene Außenschicht des Gehirns, die bei Menschen weit höher entwickelt ist als bei Tieren. Durch seine Windungen besitzt er eine sehr große Oberfläche. Seine Größe entspricht etwa zwei geballten Fäusten; ganz glatt gestrichen, hätte er jedoch das Ausmaß eines Basketballs. Wegen seiner großen Komplexität und der wichtigen Rolle, die er bei der Aufnahme neuer Informationen spielt, ist die Entwicklung des Kortex faszinierend.

Der zerebrale Kortex besteht aus vier wichtigen Teilen, die nach den Schädelknochen, unter denen sie liegen, benannt sind: der okzipitale (oder Hinterhaupt-)Kortex, der temporale (oder Schläfen-)Kortex, der parietale (oder Scheitel-)Kortex und der frontale (oder Stirn-)Kortex. Der okzipitale Kortex ist vor allem für die visuelle Wahrnehmung verantwortlich, der parietale unter anderem für die Integration von Sinnesinformationen und die räumliche Wahrnehmung, der temporale vorwiegend für das Gehör, die Sprachfunktionen sowie das Gedächtnis und der frontale Kortex schließlich für Intelligenz und zielgerichtetes Handeln.

Die Basalganglien und die Amygdala sind zwei tiefer liegende Strukturen, die bei der Verhaltensentwicklung mit dem zerebralen Kortex zusammenwirken. Die Basalganglien steuern Lernen und Belohnung, die Amygdala die Verarbeitung von Emotionen.

Der zerebrale Kortex setzt sich aus zwei Hälften zusammen, einer linken und einer rechten (die auch als Hemisphären bezeichnet werden). Diese beiden Hälften stehen durch das Corpus callosum ständig miteinander in Verbindung. Das Corpus callosum, eine Struktur im Zentrum des Gehirns, hat die Funktion, diese Kommunikation flexibel zu gestalten.

Die Entwicklung des Kortex ist ein komplizierter Prozess. Der Amsterdamer Neuroanatom Harry Uylings fand heraus, dass vor der Geburt, etwa sechs bis achtzehn Wochen nach der Befruchtung, eine riesige Menge Gehirnzellen produziert wird (mehr als zweihunderttausend pro Minute!). In diesem Zeitraum bildet sich das Gehirn heraus.

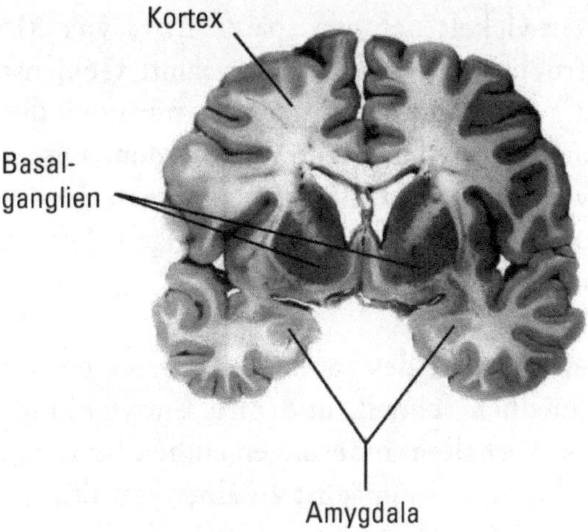

Querschnitt des Gehirns aus der Vorderansicht, mit Darstellung der Amygdala, der Basalganglien und des Kortex.

Die Gehirnzellen beginnen ihre »Reisen« zu unterschiedlichen Stellen in einem sogenannten Neuralrohr und stellen schließlich Verbindungen zwischen verschiedenen Gehirnregionen her. Daher entwickelt sich der Kortex von innen nach außen. Manche dieser Gehirnzellen haben bereits bei ihrer Entstehung eine bestimmte Funktion, weshalb es wichtig ist, dass sie zu bestimmten Regionen gelangen. Doch die meisten Nervenzellen sind sehr flexibel und können unterschiedliche Funktionen übernehmen. Ihre Rolle wird erst festgelegt, wenn sie an ihrem endgültigen Bestimmungsort angekommen sind, wo sie mit anderen Nervenzellen zusammenarbeiten, um eine bestimmte Funktion zu erfüllen.

Als erste Region entwickelt sich der Hirnstamm. Er sorgt dafür, dass mechanische Funktionen wie der Herzschlag möglich sind. Das Großhirn (zu dem auch der Kortex gehört) entwickelt sich erst später. Etwa vier Monate nach der Befruchtung ist jedoch die gesamte Gehirnstruktur vollständig ausgebildet. Nun müssen nur noch die Verbindungen ausgebaut und verknüpft werden. Diese Verbindungen werden zum großen Teil erst nach der Geburt hergestellt und gehen mit einem gewaltigen Anwachsen des Kortex einher.

Die einzelnen Bereiche des zerebralen Kortex entwickeln sich unterschiedlich schnell, und ihre Entwicklung geht mit deutlichen Verhaltensänderungen einher. Im Lauf ihrer Ausformung kommt es zunächst zu einer gewaltigen Produktion grauer Zellen, die sich anschließend wieder verringern. Es mag widersprüchlich klingen, aber ein Abbau der grauen Zellen in einem bestimmten Areal steigert dessen Funktionsfähigkeit. Eine Überproduktion grauer Zellen führt dagegen zu Ineffizienz. Anders gesagt: Während des Überproduktionsprozesses werden die gut funktionierenden Zellen bewahrt und steigern dann allmählich ihre Effizienz, die schlechter funktionierenden werden entsorgt. Überproduktion und Verringerung der Zellen verlaufen in den verschiedenen Kortizes in unterschiedlichem Tempo.

Die größten Schwankungen zwischen einer Zu- und Abnahme der grauen Substanz treten im Alter zwischen vier und zwölf Jahren auf, doch der Endpunkt dieses Entwicklungsprozesses wird bisweilen erst mit fünfundzwanzig erreicht! Im visuellen Kortex (maßgeblich für die visuelle Wahrnehmung) wird der Höhepunkt der Überproduktion beispielsweise schon früh erreicht, erst viel später dagegen im parietalen Kortex (zuständig für die Integration von Informationen), im frontalen Kortex (der intelligentes und zielgerichtetes Handeln steuert) und im temporalen Kortex (der unter anderem die Sprachfunktionen

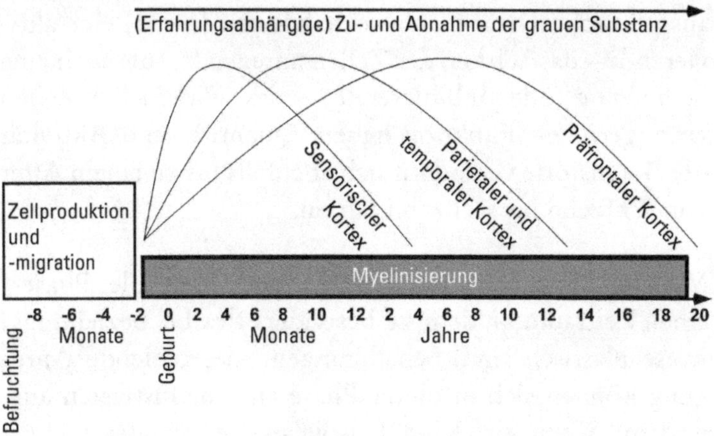

*Zeitlicher Verlauf der Bildung von grauer und weißer Substanz in verschiedenen Bereichen des Kortex. Die graue Substanz vermehrt und verringert sich in den verschiedenen Kortizes zu unterschiedlichen Zeiten. Darstellung nach Casey u. a. (*Trends in Cognitive Science, *2005).*

steuert). Die Wissenschaft geht davon aus, dass sich diese unterschiedlichen Entwicklungsverläufe stark auf das Verhalten der Kinder auswirken und auch erklären, warum sie Fertigkeiten zu unterschiedlichen Zeitpunkten entwickeln. Manchmal ist das Gehirn einfach noch nicht reif dazu, etwas zu lernen.

Im Gegensatz zur grauen Substanz, bei der sowohl eine Zu- wie auch eine Abnahme zu beobachten ist, nimmt die weiße Substanz bis ins frühe Erwachsenenalter linear zu. In der grauen Substanz werden Aktionspotenziale generiert, die von der weißen geschützt und transportiert werden. Die weiße Substanz sorgt dadurch für eine gute Kommunikation. Mit Hilfe sogenannter Botenstoffe, den Neurotransmittern, werden Informationen zwischen den Zellen ausgetauscht. Diese Botenstoffe können sowohl eine aktivierende – das Wirken der Zellen anregende – als auch eine hemmende (oder inhibierende) – das Wirken der Zellen verringernde – Funktion haben. Quantität und Aktivität der Botenstoffe verändern sich ebenfalls bis zu einem Alter von fünfzehn bis sechzehn Jahren.

Manche Hirnareale durchlaufen eine »sensible Phase«, einen Zeitraum, in dem sie besonders flexibel beziehungsweise plastisch sind. Schädigungen oder fehlende Anregung können sich in dieser Phase am ungünstigsten auswirken. Wenn ein Kind beispielsweise vor der Geburt Alkohol und Nikotin ausgesetzt ist, wirkt sich dieser Einfluss auf seine späteren mentalen Fähigkeiten aus. Doch auch nach der Geburt ist das Gehirn in bestimmten Phasen besonders sensibel. In der frühkindlichen Entwicklung ist es zum Beispiel wichtig, gewisse Regionen des Okzipitallappens durch das Angebot visueller Reize zu stimulieren. Bleibt eine Stimulation aus, verliert dieses Areal seine Funktion, denn zwischen den Augen (dem Ort, an dem die Information ankommt) und dem Okzipitallappen (dem Ort, an dem Information verarbeitet wird) müssen sich in dieser Zeit lange Verbindungsbahnen bilden. Daher hätte es fatale Auswirkungen, würde ein Kind in völliger Dunkelheit aufwachsen: Gewisse Bereiche des visuellen Kortex könnten ihre Funktion dann niemals angemessen erfüllen.

In einer bestimmten Phase sind die einzelnen Teile des Gehirns also bestens dazu gerüstet, Verbindungen zu knüpfen. Wird diese Phase nicht entsprechend genutzt, ist es später ziemlich schwierig, diese Verbindungen herzustellen, denn um den Aufbau von Verbindungen kommt es zwischen den Zellen zu einer starken Konkurrenz. Ein gutes Beispiel dafür bildet das Erlernen der fehlerfreien Aussprache einer Fremdsprache – ein Lernprozess, der in einer gewissen Entwicklungsphase stattfinden muss. Oft gelingt es zwar auch noch später, eine Fremdsprache zu erlernen, aber nie mehr akzentfrei. Einige Hirnregionen (zum Beispiel das Areal für visuelle Sensibilität) durchlaufen eine relativ kurze sensible Phase, andere (etwa das Areal für Sprachsensibilität) eine längere. Bei dritten ist die sensible Phase entweder nicht besonders stark ausgeprägt oder von sehr viel längerer Dauer. Das trifft auch für die Regionen zu, die für das Erlernen neuer Kenntnisse, beispielsweise in der Schule, wichtig sind.

Ein Blick unter die Schädeldecke

Erst im vergangenen Jahrhundert entwickelte man die Techniken, die es uns ermöglichen, das Gehirn eines lebenden Menschen zu untersuchen. Die Gehirntätigkeit wird jedoch schon viel länger erforscht. Allerdings waren Forscher dazu auf Patienten mit Hirnschädigungen wie Tumoren, Schusswunden oder anderen Formen von Gehirnverletzungen angewiesen. Die Auswirkungen dieser Hirnschädigungen – so dramatisch sie für den jeweiligen Patienten waren – gewährten uns einen umfassenden Einblick in die Funktionsweise des Gehirns. Neuropsychologen gelangen während des Ersten und Zweiten Weltkriegs auf diese Weise wichtige Entdeckungen zur Gehirntätigkeit. Sie untersuchten eine Vielzahl von Soldaten mit Kopfverletzungen und erforschten, welche Fähigkeiten ihnen geblieben waren und welche sie verloren hatten. Nach dem

Tod dieser Patienten konnten sie dann genau untersuchen, welche Hirnareale geschädigt waren, und so deren Funktion bestimmen. Anders gesagt: Sie konnten erkennen, welche Schädigung die Ausfallerscheinungen verursacht hatte.

Derartige Untersuchungen sind durchaus noch gängig, doch braucht man heute nicht mehr auf den Tod eines Patienten zu warten, um in Erfahrung zu bringen, welche Hirnregion geschädigt ist. Mit Scanverfahren wie der Magnetresonanztomographie (MRT) oder der Computertomographie (CT) lässt sich die Struktur des Gehirns genau analysieren. Wenn wir wissen, welche Aufgaben einem Patienten Mühe bereiten (zum Beispiel Gesichter zu erkennen oder Gegenstände zu benennen), und wir darüber hinaus wissen, welche Hirnregion genau geschädigt ist, können wir davon ausgehen, dass die geschädigte Region gebraucht wird, um diese Aufgabe zu erfüllen. Doch wie lässt sich die Hirntätigkeit gesunder Menschen messen? Und wie die von Kindern?

Wir wissen, dass das Gehirn aus etwa 100 Milliarden Nervenzellen besteht und jede von ihnen mit Hunderten, manchmal Tausenden anderer Zellen verbunden ist. Herauszufinden, welche Nervenzellen dazu notwendig sind, eine bestimmte Aufgabe zu meistern, ist mühsame Kleinstarbeit. Im letzten Jahrhundert haben Wissenschaftler allerdings zwei bedeutende Verfahren entwickelt, die uns diese Arbeit erleichtern.

In den dreißiger Jahren wurde der Elektroenzephalograph (EEG) entwickelt. Ein EEG arbeitet mit Elektroden, die auf die Kopfhaut aufgeklebt werden und kleine Schwankungen der Gehirnaktivität messen können. Wenn mehrere Nervenreize gleichzeitig »feuern«, entstehen schwache

Stromsignale, die ein EEG erfassen kann. Ein großer Vorteil dieser Methode liegt darin, dass man den Zeitpunkt der Nervenzellaktivität auf die Millisekunde genau registrieren kann. Doch weil wir an der Oberfläche des Schädels messen, können wir nicht genau ersehen, von welchem Areal die Aktivität ausgeht.

Mit der Magnetresonanztomographie (MRT), dem zweiten bedeutenden Verfahren zur Messung der Gehirnaktivität, lässt sich das Gehirn geradezu bildlich darstellen. Mit der MRT können wir die Struktur des Gehirns untersuchen. Und mit der fMRT (das f steht für »funktionell«) können wir die Aktivität von Hirnregionen erforschen, das heißt: das Gehirn in Aktion beobachten. Wir wissen schon lange, dass eine Erhöhung des Sauerstoffgehalts in bestimmten Hirnregionen auf eine hohe Aktivität an dieser Stelle hinweist. Mit Hilfe der MRT lässt sich nun ein kurzzeitiger Anstieg des Sauerstoffgehalts mittels der magnetischen Sensibilität von Sauerstoffteilchen lokalisieren. Das Prinzip funktioniert kurz gesagt folgendermaßen: Wenn eine Hirnregion sehr aktiv sein muss (etwa wenn wir unsere Arme bewegen diejenige, die die Motorik steuert), strömt eine große Menge Blut in diesen Bereich. Ein Teil dieses Blutstroms besteht aus roten Blutkörperchen. Diese enthalten Hämoglobin, ein Eiweiß, das die Eigenschaft besitzt, Sauerstoff zu absorbieren. Wenn sich der Sauerstoffgehalt im Hämoglobin ändert, ändern sich auch dessen magnetische Eigenschaften, und diese Veränderung ist ein Signal, das der MRT-Scanner registriert. Genauer: Seine Detektoren messen das Verhältnis zwischen sauerstoffreichen und sauerstoffarmen Hämoglobinteilchen. Dieses Verhältnis nennt man »Blood Oxygen Level-Dependent«(BOLD)-Signal.

Ein großer Vorteil dieses Verfahrens liegt darin, dass wir einen Blick in das Gehirn werfen können, ohne die Schädeldecke zu lüften. Außerdem kommt das MRT ohne potenziell schädliche Röntgenstrahlen aus. Wer sich einem MRT-Scan unterzieht, merkt davon nichts weiter und ist nur geringfügigen Unannehmlichkeiten ausgesetzt. Daher eignen sich MRT-Scanner hervorragend zur Untersuchung der Hirnaktivität von Kindern. Heute werden MRT-Untersuchungen schon bei vierjährigen Kindern durchgeführt. Die Entwicklung der MRT hat uns eine Fülle neuer Erkenntnisse beschert, doch das ist erst die Spitze des Eisbergs. Angesichts der modernen technischen Verfahrensweisen, die die Wissenschaft in den kommenden Jahren zweifellos entwickeln wird, stehen Wissenschaftler und alle, die sich für die Entwicklung des Gehirns bei Kindern und Jugendlichen interessieren, vor einer spannenden und herausfordernden Zeit.

2

Das lernende Gehirn

Die Entstehung der Educational Neuroscience

Wie löst man eine schwierige Rechenaufgabe? Warum fällt es uns in jungen Jahren leichter, eine Fremdsprache zu lernen? Warum sind manche Kinder klüger als andere? Wir erkennen inzwischen immer deutlicher, dass all diese Fertigkeiten mit den Aktivitäten spezifischer Hirnregionen zusammenhängen. In den letzten Jahren ist nicht nur das Interesse an den Resultaten der Hirnforschung gewachsen, sondern auch die Erwartungshaltung an die schulischen Leistungen Jugendlicher. Dies führte zur Entwicklung eines völlig neuen Forschungsfelds, das man »Educational Neuroscience« nennt. Das Schöne an dieser neuen Forschungsrichtung ist, dass sie versucht, die Vorstellungen von Lehrern, Schülern, Bildungsexperten und Gehirnforschern miteinander zu verbinden, um auf diese Weise die schulische Lernumgebung so gut wie möglich auf die Voraussetzungen Jugendlicher in der Adoleszenz abzustimmen.

Susanne besucht gegenwärtig die Realschule. Noch im letzten Jahr hatte sie ordentliche Noten. In diesem Jahr lief es für sie leider nicht mehr ganz so gut. Susanne liegt zwar viel daran, versetzt zu werden, doch wenn sie aus der Schule kommt, interessiert sie sich erst einmal für andere Dinge: Sie telefoniert mit der Freundin, chattet kurz im Internet, kauft bei H&M einen neuen Pullover und geht abends dann ins Hockeytraining. Für die Physikarbeit lernt sie dann eben mal zwischendurch. Und fast hätte sie die ausstehenden Englischhausaufgaben vergessen. Außerdem steht die Vorbereitung für die Diskussionsgruppe in Geschichte an, mit der sie sich morgen trifft. Wenn sie sich auf eine dieser Aufgaben konzentriert, gelingt sie ihr eigentlich recht gut, doch alle zusammen sind ihr manchmal etwas zu viel. Sie schafft es nicht einmal, alles in ihrem Aufgabenheft zu notieren, und erst recht nicht, zu entziffern, was das ganze Gekritzel darin bedeuten soll. Damit sie die Selbständigkeit einübt, die ihr auf ihrem weiteren Bildungsweg abverlangt wird, erwartet man jedoch von ihr, ihre Schularbeiten eigenständig zu planen. Susanne ist dazu zwar bereit, aber ihr Gehirn scheint noch nicht richtig mitzuarbeiten.

Und hier liegt nun genau das Problem. Neue Erfahrungen können natürlich eine Weiterentwicklung des Gehirns anstoßen, und das Gehirn lässt sich trainieren, doch wissen wir heute, dass es sich während der Adoleszenz noch gänzlich in der Entwicklung befindet. Daher kann man vom Gehirn eines Jugendlichen nur in begrenztem Maß Selbständigkeit erwarten. Gerade die Hirnregionen, die für eine gute Planung wichtig sind, sind in der Adoleszenz noch nicht ausgereift, und die Kommunikation zwischen den verschiedenen Hirnregionen verläuft nicht optimal. Wenn Susanne ihre Schularbeiten also ohne Hilfe organisieren und mit ihren zahlreichen außerschulischen Aktivitäten in Einklang bringen soll, ist ihr Gehirn damit schlicht überfordert. Es wäre schade, wenn sie die Klasse wiederholen müsste, obwohl sie das Zeug dazu hat, versetzt zu werden, doch selbständig zu planen will ihr einfach nicht gelingen. In diesem Kapitel lege ich dar, was gute Planung erfordert, welche Hirnareale daran beteiligt sind und wie diese sich entwickeln.

Der frontale Kortex: Die Steuerung der kognitiven Fähigkeiten

Eine gute Planung erfordert eine Reihe *kognitiver Fähigkeiten*, sogenannter Verstandesfähigkeiten, die es uns ermöglichen, zukünftige Ziele zu erreichen und uns intelligent zu verhalten. Um die Funktion und die Veränderungen der kognitiven Fähigkeiten zu verstehen, wenden wir uns in diesem Kapitel dem Kortex zu – der in sich gewundenen Außenschicht des Großhirns (siehe auch Kapitel 1).

Einige Hirnregionen dienen einzelnen, sehr speziellen Funktionen. Ein Areal im unteren Teil des Gehirns (der Hypothalamus) ist zum Beispiel für die Steuerung unseres Biorhythmus wichtig. Beim Kortex stellt sich die Sachlage etwas komplizierter dar. Viele Funktionen, die von ihm gesteuert werden, beanspruchen, vor allem aufgrund ihrer Komplexität, verschiedene seiner Subareale. Gute Planung erfordert eine ganze Reihe verschiedener Fähigkeiten. Wenn wir zu Susannes Beispiel zurückkehren, können wir erkennen, wie vieles sie gleichzeitig beherrschen muss, um ihre Schularbeiten zu erledigen. Zunächst muss sie in ihrem Aufgabenheft genau notieren, was man von ihr erwartet. Dazu muss sie aus einer möglicherweise ausführlich formulierten Aufgabenstellung die wichtigsten Informationen herausfiltern. Dabei darf sie sich von anderen Dingen in der Klasse (etwa schwatzenden Mitschülern oder der Schulklingel) nicht ablenken lassen, sonst weiß sie wieder nicht, was als Hausaufgabe zu tun ist. Außerdem muss sie sich darum bemühen, bei der Erledigung ihrer Hausaufgaben in ihrer Aufmerksamkeit nicht nachzulassen (konzentriert arbeiten) und irrelevante Ablenkungen (ankommende SMS) zu ignorieren. Und schließlich muss sie dazu in der Lage sein, flexibel von einer Aufgabe zur anderen zu wechseln. Denn wenn sie in fünf Fächern Schularbeiten machen soll, kann sie es sich nicht leisten, bis elf Uhr abends an der ersten Aufgabe zu sitzen. Um langfristige Ziele zu erreichen, muss man in der Lage sein, Prioritäten zu setzen und Ablenkungen zu widerstehen. Alles in allem ist Planen also eine ziemlich komplexe Angelegenheit. Daher sind auch viele Hirnregionen daran beteiligt.

Eine gute Planung wird größtenteils vom frontalen Kortex gesteuert. Dieser Teil des Gehirns liegt hinter der Stirn und umfasst etwa ein Drittel des gesamten Kortex. Der frontale Kortex ist also ein ziemlich großer Bereich, der seinerseits wiederum über zahlreiche Subareale und Verbindungen verfügt.

Da die Kortizes sehr groß sind, verwendet man bestimmte Kennzeichnungen, um die Lage eines Areals innerhalb eines Kortex zu beschreiben. Die erste Positionierung von Hirnarealen betrifft ihre Superior-inferior-Anordnung, wobei »superior« »oberer« und »inferior« »unterer« bedeutet. Die zweite bezieht sich auf die Ventral-dorsal-Anordnung, wobei unter »ventral« »bauchseitig« und unter »dorsal« »rückseitig« zu verstehen ist. Die dritte Positio-

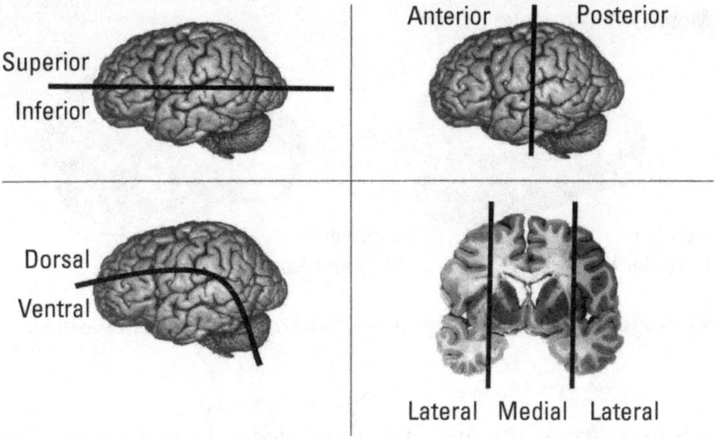

Darstellung der Positionierung im Gehirn: superior versus inferior, dorsal versus ventral, anterior versus posterior und medial versus lateral.

nierung, die Anterior-posterior-Anordnung, verweist mit »anterior« auf eine »vordere« und mit »posterior« auf eine »hintere« Lage des Hirnareals. Die letzte Positionierung bezieht sich schließlich auf die Medial-lateral-Anordnung, wobei »medial« die Lage »an der Innenseite« und »lateral« die Lage »an der Außenseite« angibt.

Innerhalb des Frontallappens unterscheiden wir drei Areale: den motorischen frontalen, den lateralen frontalen und den medialen frontalen Kortex. Diese Bereiche unterscheiden sich sowohl in ihrer Position als auch in ihrer Funktion voneinander. Der motorische Kortex liegt beispielsweise etwas weiter hinten und ist (wie der Name schon sagt) für das Initiieren und Ausführen motorischer Handlungen zuständig. Der laterale Kortex sitzt im Schädel weiter vorn und ist für planvolles Verhalten, das Anwenden von Regeln und das Befolgen von Instruktionen

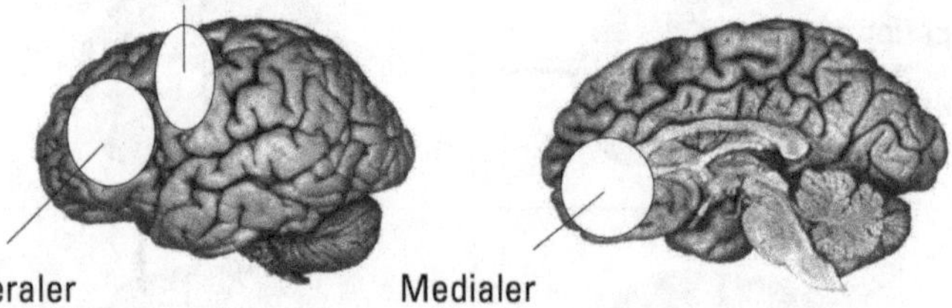

Darstellung der unterschiedlichen Subareale im frontalen Kortex.

wichtig. Auch für die Aufnahme neuer Informationen ist dieser Bereich von Bedeutung. Der mediale Kortex liegt unterhalb des lateralen. Er ist in erster Linie für die Planung zielgerichteter Handlungen bedeutsam und hierbei besonders für emotional heikle (Kapitel 3) und soziale Entscheidungen (Kapitel 4).

Im frontalen Kortex sind also viele Planungsfunktionen angesiedelt, die oft unter dem Namen »Kontrollfunktionen« zusammengefasst werden. »Kontrollfunktionen« ist eigentlich ein Oberbegriff für die Funktionen, die zielgerichtetes Handeln ermöglichen. Denken Sie nur an die Fähigkeit, sich eine bestimmte Route einzuprägen, oder an die Fähigkeit, dem Unterricht zu folgen, während hinter einem getuschelt wird. All diese Fähigkeiten, über die Erwachsene eher verfügen als Jugendliche, erfordern ein gewisses Maß an Kontrolle. Unsere Kenntnisse über diese für Planung und Kontrollfunktionen wesentlichen Hirnareale basieren auf drei Forschungsmethoden: auf Patientenstudien, Affenstudien und Hirnscanverfahren.

Planung nach einer Schädigung des Gehirns

Der frontale Kortex gehört aufgrund seiner Lage (im vorderen Bereich des Schädels) zu den Hirnregionen, bei denen es am häufigsten zu Schädigungen kommt. Logischerweise haben diese Schädigungen gravierende Folgen für das alltägliche Handeln. Wegen seines großen Volumens und seiner Heterogenität wirken sie sich in den verschiedenen Bereichen des frontalen Kortex je nach ihrer Lage aber unterschiedlich aus. Da dieses Kapitel dem lernenden Gehirn gewidmet ist, konzentrieren wir uns vorwiegend auf die Funktionen des äußeren (des lateralen) frontalen Kortex, denn Schädigungen dieser Hirnregion beeinträchtigen massiv die Fähigkeit zu planen und Neues zu lernen. Was geschieht, wenn diese Hirnregion geschädigt wird?

Aufgrund von Patientenstudien wissen wir, dass der laterale frontale Kortex bei der Lösung von Problemen und der Informationsspeicherung im Gehirn eine wichtige Rolle spielt. Außerdem ermöglicht er es uns, unangebrachtes Verhalten rechtzeitig zu stoppen. Patienten mit einer Schädigung des lateralen frontalen Kortex haben damit ihre liebe Mühe. Sie machen häufig deplazierte Bemerkungen, weil ihnen einfach die Hemmung fehlt, die solchen Bemerkungen Einhalt gebietet. Auch Witze, die auf eine Pointe hinauslaufen, sind für sie schwer verständlich, obwohl sie durchaus über einfachen Slapstick-Humor lachen können. Denn bei Witzen muss man verschiedene Situationsaspekte miteinander in Beziehung setzen, was bei Slapstick-Humor nicht erforderlich ist.

Eines der markantesten Symptome von Patienten mit einer Schädigung des lateralen frontalen Kortex ist ihre eingeschränkte Fähigkeit, Korrekturen in oder Feedback aus ihrem Umfeld zu verarbeiten. Anders formuliert: Wenn jemand einen Plan kritisiert und festlegt, dass von nun an alles anders werden müsse, fällt es Patienten mit einer Schädigung des lateralen frontalen Kortex nicht leicht, ihr Verhalten entsprechend anzupassen oder zu ändern. Sie bleiben in ihren alten Verhaltensweisen »befangen« und können nicht flexibel zu neuen wechseln. Wie wir im Folgenden sehen werden, ist die Fähigkeit, etwas aus Korrekturen/Feedback zu lernen, ebenfalls eine Kompetenz, die sich während der Adoleszenz noch stark entwickelt. Das ist gut zu wissen angesichts der Bedeutung, die Korrekturhinweise im schulischen Kontext haben. Die Gewohnheit, einen Auftrag oder eine Aufgabe auf eine bestimmte Weise auszuführen, verleiht Sicherheit. Verändert sich aber plötzlich vollkommen die Bedeutung einer Aufgabenstellung, fällt es Jugendlichen schwer, die früheren Gewohnheiten abzulegen und sich neue Vorgehensweisen anzueignen. Etwa wenn sie einen neuen Lehrer mit einem anderen Unterrichtsstil bekommen oder sich der Unterrichtsstoff ändert.

Planung im Affenhirn: Single-Cell-Recording

Woher wissen wir denn, was eine bestimmte Hirnregion zur Kognition genau beiträgt? Vieles, was wir über die Funktionsweise des Gehirns wissen, ist auf Affenstudien zurückzuführen. Obwohl diese Experimente nicht von allen geschätzt werden, haben wir durch sie doch eine Menge über die Lokalisierung bestimmter Gehirnfunktionen erfahren. Patricia Goldman-Rakic, eine Koryphäe auf dem Gebiet der Affenforschung, hat die Rolle des lateralen frontalen Kortex bei Affen untersucht. Sie führte dazu ein Experiment durch, in dem sie Affen beibrachte, dass bestimmte Entscheidungen eine Belohnung, zum Beispiel ein

Stück Apfel oder ein Schlückchen Apfelsaft, zur Folge hatten. Den Affen wurde zunächst auf einer Hälfte eines Computerbildschirms ein Bild gezeigt. Danach sahen sie ein Kreuz in der Mitte des Bildschirms. Die Affen sollten nun so lange auf das Kreuz schauen, bis sich dessen Farbe veränderte, und dann auf die Seite des Bildschirms, die der vorhergehenden Bildhälfte gegenüberlag. Wenn das Bild also links auf dem Bildschirm erschien, schaute der Affe erst nach links und dann zur Mitte des Bildschirms, wo sich das Kreuz befand. Wenn das Kreuz seine Farbe veränderte, schaute er schließlich auf die rechte Bildschirmhälfte und erhielt daraufhin seine Belohnung. Da man einem Affen natürlich nicht einfach erklären kann, welchen Instruktionen er folgen muss, um an eine Belohnung zu gelangen, muss er manchmal über Monate hinweg trainiert werden, bevor die Durchführung eines solchen Experiments gelingt.

Um herauszufinden, wie das Gehirn bei dieser Aufgabe arbeitet, maßen Patricia Goldman-Rakic und ihre Kollegen die Aktivität in den Neuronen des lateralen frontalen Kortex. Diese Methode nennt man »Single-Cell-Recording«. Sie wird zur Messung von Spannungs- oder Ladungsdifferenzen in einer Nervenzelle eingesetzt. Der Affe wird dazu vorübergehend betäubt, damit die Forscher die Mikroelektroden einführen und exakt in dem Hirnareal anbringen können, das sie untersuchen wollen, in diesem Fall im lateralen frontalen Kortex. Die Mikroelektrode misst anschließend die Aktivität der Zelle. Single-Cell-Recording ist wahrscheinlich die genaueste Messmethode, die uns zur Verfügung steht. Sie weist aber den Nachteil auf, dass wir mit ihr nur in einem sehr kleinen Areal messen können. Maximal lässt sich die Aktivität von fünfzig Zellen gleichzeitig erfassen, und das ist nur ein winziger Teil des Gehirns.

Bei den Affenexperimenten von Goldman-Rakic interessierte die Forscher, wie sich die Zellaktivität verändert, wenn der Zeitraum zwischen dem Auftauchen des ersten Bildes und dem Farbwechsel des Kreuzes variiert wird. Denn ein größerer Zeitabstand stellte den Affen vor die Aufgabe, die Bildseite länger im Gedächtnis zu behalten. Wenn das Kreuz sofort die Farbe wechselte, nachdem das Bild zu sehen war, fiel es dem Affen leicht, die Augen zur gegenüberliegenden Seite zu bewegen. Wenn das Kreuz aber ein ganze Weile, also etwa sechs oder zwölf Sekunden, schwarz blieb, musste sich der Affe über einen längeren Zeitraum merken, auf welcher Seite das Bild vorher erschienen war und wohin er seinen Blick nun richten sollte. Erweiterte man die Zeitspanne, erhöhte sich die Zellaktivität im lateralen präfrontalen Kortex. Mit anderen Worten: Wenn sich der Affe etwas länger merkte, nahm die Aktivität in diesem Hirnareal zu. Oder noch einmal anders ausgedrückt: Die Aktivität dieses Hirnareals ermöglichte es, die Information länger zu speichern. Das Vermögen, eine Information über einen bestimmten Zeitraum hinweg in Erinnerung zu behalten, bezeichnet man auch als *Arbeitsgedächtnis;* es ist eine der wichtigsten Kontrollfunktionen.

Ein Blick in das planende menschliche Gehirn

Auch bei Menschen spielt der laterale präfrontale Kortex für das Arbeitsgedächtnis und andere Kontrollfunktionen eine wichtige Rolle. Mit Hilfe von Hirnscanverfahren wie fMRT wurde die Aktivität des frontalen Kortex eingehend analysiert. Diese Untersuchungen führten vor allem zu der Erkenntnis, dass die verschiedenen Areale des frontalen Kortex verschiedene Funktionen erfüllen. Eine Erkenntnis, die sich aus Patientenstudien oder mittels Single-Cell-Recording kaum gewinnen lassen würde.

Die Untersuchungen mittels Hirnscanverfahren waren vor allem von Bedeutung, um zu erfahren, was Kinder und Jugendliche leisten können und was nicht und welche Hirnregionen dafür maßgeblich sind. Wir wissen beispielsweise, dass sich die Menge der Gehirnzellen (der grauen Substanz) in einigen Teilen des frontalen Kortex langsamer verändert als in anderen. Diese strukturelle Veränderung hat wiederum starken Einfluss darauf, wie sich Kinder Informationen merken oder wie sie planen. Erst seit kurzem wissen wir, wie die Hirnregionen, die für die Planung und die Ausführung einer bestimmten Aufgabe zuständig sind, in der Kindheit und in der Adoleszenz *funktionieren.* In diesem Kapitel werden einige dieser Funktionen dargestellt und zur Entwicklung des Gehirns in Bezug gesetzt.

Wie wir in diesem Kapitel sehen werden, entwickeln sich die meisten Problemlösungsfunktionen in einem Alter zwischen vier und zwölf Jahren. Das lässt sich nicht zuletzt an den rhetorischen Fähigkeiten von Kindern und Jugendlichen ablesen, die sich in dieser Zeit enorm entwickeln. Viele Funktionen, wie Planungsfähigkeit und Flexibilität, reifen jedoch auch noch in der Adoleszenz. Das ist gar nicht so erstaunlich, wissen wir doch, dass der frontale Kortex erst im Alter zwischen zwanzig und fünfundzwanzig ausgereift ist. Unser Wissen darüber, welche Hirnregionen für die Entwicklung dieser Funktionen wichtig sind und wie sie zusammenarbeiten, wächst heute zusehends. Wir sollten dieses Wissen einbeziehen, wenn uns daran gelegen ist, Heranwachsenden eine gute Orientierung zu geben. Fällt es in der Kindheit leichter, eine Sprache zu erlernen, weil das Gehirn in dieser Phase reif dazu ist, dann ist es sinnvoll, diese Zeit dazu zu nutzen. Und sind die Hirnregionen, die zum Planen erforderlich sind, im Alter von vierzehn noch nicht ausgereift, hat es keinen Sinn, von einem vierzehnjährigen Jugendlichen zu verlangen, mit seinem Taschengeld auszukommen, mag er auch noch so gut rechnen können.

Bei den nachfolgend erläuterten Studien gilt es einige Punkte zu berücksichtigen. In ihnen wurden durchschnittlich zwanzig bis fünfundzwanzig Teilnehmer je Altersgruppe mit Hilfe von Laboraufgaben getestet. Wissenschaftler versuchten die Auswahl der Teilnehmer so zu treffen, dass sich ein repräsentatives Bild der Bevölkerung ergab. Doch das ist bei solchen Stichproben viel schwieriger als in Tests, an denen hundert oder zweihundert Kinder beteiligt sind. Die Aufgaben, die in einem Labor gestellt werden, lassen sich zudem nicht immer leicht mit der im Alltag erforderlichen komplexen Planung vergleichen, denn eine Laboraufgabe enthält in der Regel eine spezielle Anweisung, die Teilnehmer sind hoch motiviert, ihre Sache gut zu machen, und es treten kaum äußere Ablenkungen auf. Doch mit diesen Gedanken im Hinterkopf sind wir über die Resultate der bisherigen Forschung zur Gehirnentwicklung Jugendlicher begeistert. Im Folgenden werde ich sie, nach Funktionen unterschieden, im Einzelnen darstellen.

Arbeitsgedächtnis: Aus den Augen, aus dem Sinn?

Wenn man ein achtzehn Monate altes Baby auffordert, einen Gegenstand – etwa eine Puppe oder ein Spielzeugauto –, den man kurz zuvor unter einem von zwei Kartons versteckt hat, zu finden, kann es den richtigen Karton mit ziemlicher Sicherheit zeigen. Wenn die Phase zwischen dem Verstecken und der Suche länger ist, beispielsweise zehn oder zwanzig Sekunden, weiß das Kind schon nicht mehr, wo sich das Spielzeug befindet, denn sein Arbeitsgedächtnis ist noch nicht ausreichend entwickelt. In der frühen Kindheit unterliegt das Arbeitsgedächtnis den größten Veränderungen. Doch entgegen der gängigen Auffassung, dass das Arbeitsgedächtnis im Alter von etwa zehn Jahren ausgereift sei, ist es heute wissenschaftlich erwiesen, dass sich das Arbeitsgedächtnis in der Adoleszenz weiter verbessert. In welchem Maß, hängt davon ab, wie intensiv es in dieser Zeit gefordert wird.

Eine Möglichkeit, die Leistungskraft des Arbeitsgedächtnisses zu messen, besteht darin, die Zeit zwischen dem Anbieten und dem Abrufen einer Information zu variieren, wie bei der Affenstudie und der Babystudie. Bei diesen Tests zeigt man Teilnehmern nacheinander beispielsweise drei Stellen auf dem Bildschirm und fordert sie nach einer Verzögerung von fünf, zehn oder fünfzehn Sekunden auf, in derselben Reihenfolge auf diese Stellen zu deuten. Jedem, ob Erwachsenem oder Kind, fällt es schwerer, diese Aufgabe nach fünfzehn als nach nur fünf Sekunden zu erfüllen. Doch kleineren Kindern gelingt der Fünfzehnsekundentest weniger gut als Erwachsenen, während sie den Fünfsekundentest genauso gut bewältigen. Aus diesen Beobachtungen lässt sich auf eine geringere Leistungskraft des Arbeitsgedächtnisses von Kindern schließen. Erst ab zwölf Jahren können Kinder diese Aufgabe genauso gut bewältigen wie Erwachsene.

Eine weitere Möglichkeit, das Arbeitsgedächtnis zu testen, besteht in der Variation der Informationsmenge, die im Gedächtnis zu behalten ist. Ein Beispiel: In einem Spiel werden einem zunächst vier Gegenstände gezeigt, die danach hinter einer Abdeckung verschwinden. Nun soll man diese Gegenstände aus der Erinnerung benennen. Das ist nicht besonders schwer, aber sobald es sich um acht oder zehn Gegenstände handelt, wird die Aufgabe schon etwas schwieriger, denn nun muss sich das Arbeitsgedächtnis ja acht oder zehn statt vier Gegenstände merken. Genauso kann es uns ergehen, wenn wir uns zehn beliebige Wörter, Bilder oder Objekte merken sollen. Auch hier zeigt sich, dass wir wohl alle größere Mühe damit haben, uns eine höhere Anzahl einzuprägen, doch unterlaufen Kindern hierbei mehr Fehler als Erwachsenen. Daher fällt es kleineren Kindern auch schwer, sich mehrere Aufträge oder eine längere Einkaufsliste zu merken. Mittels der beiden zuvor beschriebenen Arbeitsgedächtnisaufgaben (bei denen man entweder den zeitlichen Abstand zwischen der Wahrnehmung der Objekte und der Erinnerung an sie oder die Menge der Objekte variierte) identifizierten Forscher bei Heranwachsenden bis zu einem Alter von fünfzehn Jahren altersabhängige Entwicklungsunterschiede. Obwohl sich diese Unterschiede im Alter zwischen zwölf und fünfzehn verringerten, erreichten fünfzehnjährige Jugendliche noch nicht das Niveau Erwachsener.

In den genannten Untersuchungen fallen die altersabhängigen Unterschiede zwar ziemlich gering aus, sie vergrößern sich jedoch beträchtlich, wenn man die Probanden auffordert, die Informationen in ihrem Arbeitsgedächtnis zu reorganisieren. Diesen Typus von Arbeitsgedächtnis testet man mit sogenannten Manipulationsaufgaben. Man bittet eine Testperson beispielsweise, sich eine beliebige Buchstabenfolge, wie etwa P-B-F-N, sechs Sekunden lang zu merken und sie dann laut zu wiederholen. Das ist zwar nicht ganz leicht, aber ohne große Mühe zu schaffen. Wenn man sie jedoch bittet, die Buchstaben nach sechs Sekunden in alphabetischer Reihenfolge wiederzugeben, wird ihr das viel mehr Probleme bereiten.

Diese Form von Arbeitsgedächtnis, bei der mit Informationen gedanklich *gearbeitet* werden muss, ist für Kinder und Jugendliche mit viel größeren Anstrengungen verbunden als für Erwachsene. Der Grund dafür liegt darin, dass die Aktivitäten der unterschiedlichen Subareale des frontalen Kortex aufeinander abgestimmt werden müssen und diese erst lernen müssen, miteinander zu kommunizieren. Die Fähigkeit, Informationen gedanklich zu manipulieren oder zu bearbeiten, entwickelt sich bis weit in die Adoleszenz hinein. Diese Form von Arbeitsgedächtnis spielt auch bei manchen in der Schule geforderten Kompetenzen eine Rolle, etwa beim Lösen schwieriger Rechenaufgaben, bei dem die Schüler mit Zahlen hantieren müssen, oder beim Erstellen eines Arbeitsplans, der die Anfangs- und Endzeiten des Unterrichts ebenso berücksichtigen muss wie die Zeiten für das Mittagessen und das pünktliche Erscheinen zum nachmittäglichen Fußballspiel. Eine solche Planung stellt hohe Anforderungen an das Arbeitsgedächtnis, vor allem an dessen Fähigkeit, Informationen zu bearbeiten.

Verschiedene Studien haben gezeigt, dass sich die Aktivität des lateralen präfrontalen Kortex steigert, wenn man sich Informationen längere Zeit merken muss oder sich die Zahl der Orte oder Bilder, die man sich einprägen soll, erhöht. Der Erfolg bei einer Arbeitsgedächtnisaufgabe ist unmittelbar vom Grad der Aktivität in dieser Hirnregion abhängig, das heißt, Menschen, bei denen diese Hirnregion intensiver arbeitet, bereiten Arbeitsgedächtnisaufgaben geringere Probleme. Es gibt also recht deutliche Hinweise darauf, dass dieser Bereich für ein funktionierendes Arbeitsgedächtnis verantwortlich ist.

Offensichtlich kommt es hierbei nicht darauf an, um welche Art von Information es sich handelt. Der laterale

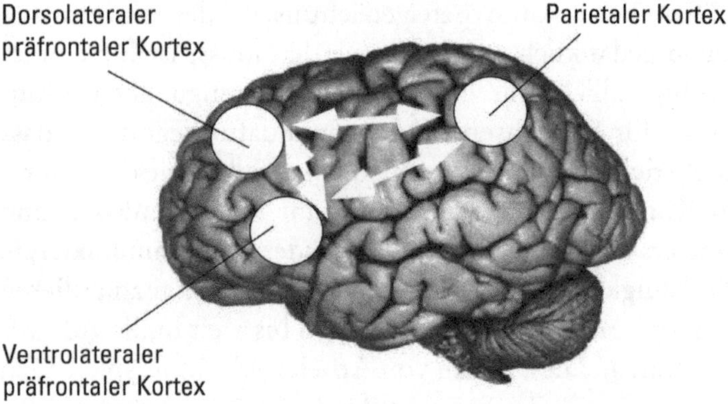

Hirnareale, die bei Arbeitsgedächtnisaufgaben miteinander kooperieren.

präfrontale Kortex ist aktiv, ganz gleich ob wir uns Orte, Bilder, Zahlen oder Gegenstände einprägen. Doch es kommt offenbar durchaus darauf an, welche Art von Arbeitsgedächtnis in Anspruch genommen wird, ob man sich die Information nur merken oder tatsächlich mit ihr *arbeiten* soll. Wenn man sich die Information nur merken soll (man soll nichts damit tun, sie nur in Erinnerung behalten), ist Aktivität im ventralen (unteren) lateralen präfrontalen Kortex zu verzeichnen. Wenn die Information jedoch gedanklich bearbeitet werden soll (etwa alphabetisch anzuordnen ist), zeigt sich Aktivität im dorsalen (oberen) lateralen präfrontalen Kortex. Dieser Unterschied ist deshalb bedeutsam, weil sich nach unserem Wissensstand die strukturelle Reifung des Gehirns im ventralen Bereich früher als im dorsalen vollzieht. In unserem Labor haben wir daher untersucht, welche Hirnregionen bei Kindern aktiv werden, wenn sie sich Abbildungen von Gegenständen (wie einer Uhr, einem Haus, einem Schuh oder einem

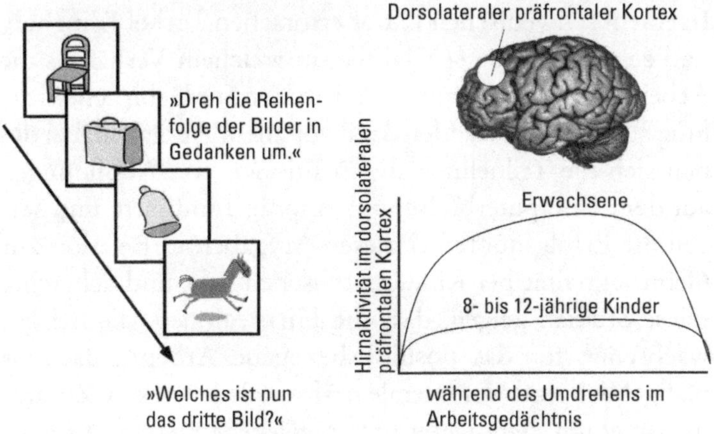

*Darstellung eines Auftrags aus einer Arbeitsgedächtnisaufgabe: Die Teilnehmer sollen die Reihenfolge der Bilder in ihrem Gedächtnis umdrehen und auf eines der Bilder reagieren (links). Dabei spielt der dorsolaterale präfrontale Kortex eine wichtige Rolle (rechts oben); er ist bei der Bearbeitung der Arbeitsgedächtnisaufgabe bei acht- bis zwölfjährigen Kindern weniger aktiv als bei Erwachsenen (rechts unten). Nach Crone u. a. (*PNAS, *2006).*

Hund) sechs Sekunden lang merken müssen. Die Ergebnisse dieser Tests stellten wir in Relation zu der Gehirnaktivität, die auftrat, wenn die Kinder die Gegenstände in umgekehrter Reihenfolge aufzählen sollten. Kinder unter zwölf Jahren hatten erhebliche Schwierigkeiten mit dieser Manipulationsaufgabe. Ihr dorsolateraler präfrontaler Kortex war nicht so aktiv wie der von Fünfzehn- bis Sechzehnjährigen und von Erwachsenen. Wir nehmen daher an, dass Jugendliche in der Adoleszenz größere Schwierigkeiten mit Arbeitsgedächtnis*manipulationen* haben, weil die dorsale Region des lateralen frontalen Kortex langsamer reift.

In einem schwedischen Labor erforschen Torkel Klingberg und seine Kollegen seit Jahren, in welchem Verhältnis die Arbeitsgedächtnisleistung von Kindern zur Gehirnentwicklung steht. Sie verwenden dazu vor allem Aufgaben, bei denen sich die Teilnehmer die Positionen von Abbildungen auf dem Computerbildschirm einprägen müssen, und setzen die Erfolgsquote bei diesen Aufgaben in Relation zur Gehirnaktivität bei Kindern zwischen acht und achtzehn. Diese Studien zeigen, dass die Hirnregionen, die bei Erwachsenen für das positionsbezogene Arbeitsgedächtnis maßgeblich sind (der laterale präfrontale Kortex im Zusammenspiel mit dem weiter hinten gelegenen parietalen Kortex, der für die räumliche Organisation zuständig ist), bei Kindern mit zunehmendem Alter immer aktiver werden. Mit Hilfe moderner Messverfahren untersuchten sie zudem, welche Rolle die Verbindungsbahnen zwischen den Hirnregionen bei der Bearbeitung der Aufgaben spielten. Und tatsächlich stellte sich heraus: Je stärker die Verbindungen zwischen diesen Hirnregionen ausgebildet waren, desto besser funktionierte das Arbeitsgedächtnis.

Hemmung: Rechtzeitig stoppen

Sie sind mit dem Fahrrad unterwegs zur Arbeit und haben es ziemlich eilig, deshalb versuchen Sie, noch schnell über die Kreuzung zu kommen, doch da springt die Ampel auf Gelb. Nun müssen Sie abrupt auf die Bremse treten, bevor sie auf Rot springt. Oder: Sie sind bei Ihrer Nachbarin zu Besuch, und das Telefon klingelt. Ihre Hand bewegt sich schon in Richtung Hörer, als Ihnen im letzten Moment einfällt, dass Sie nicht bei sich zu Hause sind. Oder: Sie sind in England und können sich gerade noch rechtzeitig zurückhalten, rechts zu fahren. In jedem dieser Beispiele geht es um Hemmung beziehungsweise darum, das eigene Verhalten zu bremsen oder zu stoppen. Unser Handeln rechtzeitig bremsen oder stoppen zu können ist für sicheres und sozialkonformes Verhalten unerlässlich. Aber das ist schwierig, vor allem wenn man sich plötzlich anders verhalten muss, als man es gewohnt ist (beispielsweise links fahren muss), oder gerade schwungvoll zu einer Bewegung angesetzt hat (wie bei der umspringenden Ampel).

Kindern fällt es schwerer als Erwachsenen, ihr Handeln zu bremsen oder zu stoppen. Das Spiel »Simon says« (die amerikanische Version von »Kommando Pimperle«) ist dafür ein gutes Beispiel. Bei diesem Spiel werden die Kinder dazu aufgefordert, bestimmte Dinge nur dann zu tun, wenn der Aufforderung »Simon sagt« vorausgeht. Bei der Aufforderung »Simon sagt: ›Klatsch in die Hände!‹« klatschen alle in die Hände. Bei der Aufforderung »Simon sagt: ›Stampf mit den Füßen!‹« stampfen alle mit den Füßen. Bei der Aufforderung »Schüttle den Kopf!« sollen die Kinder jedoch nichts tun, weil ihr nicht »Simon sagt« vorangesetzt wurde. Es ist jedoch schwierig, einer Aufforderung nicht nachzukommen, weil man sehr daran gewöhnt ist, zu tun, was einem gesagt wird. Die Bewegung ist gewissermaßen schon im Gange, bevor man merkt, dass sie dieses Mal fehl am Platz ist. Vor allem Kinder tun sich damit schwer.

Die Entwicklungspsychologie hat das Bremsen und Stoppen von Verhaltensweisen eingehend erforscht. Um ganz genau zu messen, wann Kinder und Erwachsene bremsen oder innehalten können und wann nicht, setzen Forscher

Computeraufgaben ein. Bei der »Go/No-go-Aufgabe« wird der Teilnehmer gebeten, auf einen roten Knopf zu drücken, sobald sich ein bestimmtes Bild, zum Beispiel ein roter Hund, zeigt. Der Hund erscheint mehrmals, deshalb muss der Teilnehmer immer wieder auf den Knopf drücken. Wenn dann aber ein blauer Hund erscheint, soll er den Knopf nicht drücken. Kleineren Kindern fällt diese Aufgabe ausgesprochen schwer; es gelingt ihnen zwar manchmal, den Knopf nicht zu drücken, wenn der blaue Hund auftaucht, doch tappen sie auch oft in die Falle. Vor allem Kinder unter vier Jahren sind kaum dazu in der Lage, ihr Handeln zu bremsen, aber auch Kindern zwischen vier und zwölf gelingt es nicht so gut wie Erwachsenen.

Mittels der Go/No-go-Aufgabe lässt sich das Inhibitionsvermögen (die Fähigkeit zur Verhaltenshemmung) auf recht einfache Weise messen, aber diese Messung birgt eine Reihe von Problemen. Den Maßstab für das Ergebnis der Inhibitionsmessungen bildet die Zahl der Kommissionsfehler (aktiver Vermeidungsfehler). Das Ergebnis bemisst sich also daran, wie oft ein Teilnehmer beim Erscheinen eines blauen Hundes auf den Knopf drückt. Um die Zahl der Fehler zu verringern, kann man allerdings bewusst jedes Mal sehr langsam reagieren. Denn wenn man auf *alle* Hunde sehr langsam reagiert, unterlaufen einem weniger Kommissionsfehler. Eine geringere Anzahl von Kommissionsfehlern lässt also im Unklaren, ob der Proband sein Handeln tatsächlich besser stoppen kann oder lediglich die Strategie einsetzt, langsam zu reagieren.

Aus diesem Grund haben Forscher auf ihrer Suche nach besser geeigneten Messverfahren für Hemmungsprozesse die »Stopp-Signal-Aufgabe« entwickelt. Dabei ging es ihnen darum zu ermitteln, wie lange man braucht, um sein Handeln zu stoppen. Doch wie misst man die Geschwindigkeit, mit der ein Teilnehmer seine Handlung stoppt, wenn das Stoppen dazu führt, dass er gerade nicht auf den Knopf drückt? Dazu haben sich Wissenschaftler einen raffinierten Trick ausgedacht. Bei einer Stopp-Signal-Aufgabe wird der Proband gebeten, auf grüne Pfeile, die nach links oder nach rechts zeigen, zu reagieren, indem er mit dem Zeigefinger auf einen linken oder rechten Knopf drückt. Da er sehr schnell reagieren muss, automatisiert sich seine Reaktion mit der Zeit. Wird der Pfeil jedoch rot, soll der Proband nicht reagieren. Das fällt ihm relativ leicht, wenn der Pfeil plötzlich rot wird, aber wesentlich schwerer, wenn der Pfeil zunächst eine Weile grün bleibt und erst dann rot wird, wenn der Proband schon im Begriff ist, auf den Knopf zu drücken. Das verhält sich ähnlich wie bei einer Ampel, die entweder schon auf Gelb schaltet, wenn man noch ein Stück von der Straßenkreuzung entfernt ist, oder erst dann auf Gelb springt, wenn man kurz davor ist, die Kreuzung zu überqueren. Durch die Veränderung des Zeitraums zwischen dem Auftauchen des Pfeils und seiner Rotfärbung können die Forscher herausfinden, wie viel Zeit ein Proband benötigt, um sein Handeln gerade noch erfolgreich zu stoppen. Diese Zeit wird als Stopp-Signal-Reaktionszeit (Stop-Signal Reaction Time, SSRT) bezeichnet. Die SSRT ist bei Vier- bis Achtjährigen noch lang und erreicht frühestens mit zwölf bis vierzehn Jahren Erwachsenenniveau. Bis zu diesem Alter fällt es Jugendlichen daher schwerer als Erwachsenen, ihr Handeln zu stoppen.

Eine Schädigung des ventralen Teils des lateralen präfrontalen Kortex (eines Areals, das etwas unterhalb der Region liegt, die für die Informationsspeicherung im Arbeitsgedächtnis zuständig ist) führt unter anderem dazu, dass das Stoppen der eigenen Handlungsabläufe äußerst schwierig wird. Während der Bearbeitung einer Go/No-go- oder einer Stopp-Signal-Aufgabe ist bei gesunden Erwachsenen in dieser Hirnregion Aktivität nachweisbar. Daher bezeichnet man sie als Inhibitionsareal.

Eine Reihe von Wissenschaftlern untersuchte, wie sich das Inhibitionsareal im Alter zwischen acht und zwölf beziehungsweise zwischen achtzehn und fünfundzwanzig entwickelt. Ihre wichtigste Beobachtung bestand darin, dass sich bei Kindern zwischen acht und zwölf, die während eines fMRT-Scans eine Go/No-go-Aufgabe bearbeiten, weniger Aktivität im ventralen Teil des lateralen präfrontalen Kortex zeigt als bei Erwachsenen. Das deutet wahrscheinlich darauf hin, dass dieser Teil des Gehirns bei diesen Kindern noch nicht richtig entwickelt ist. Aufschlussreich ist allerdings, dass im Gegenzug bei ihnen andere Bereiche, etwa der dorsale Teil des präfrontalen Kortex, aktiv werden. Wahrscheinlich müssen sie andere Areale aktivieren, da das Inhibitionsareal noch nicht ausgereift ist.

Im Alter zwischen zwölf und achtzehn geht diese Hirnaktivität von der eines Kindes in die eines Erwachsenen über, wobei vor allem die weitere Reifung des ventrolateralen Teils des präfrontalen Kortex eine Rolle spielt. Führt man den Test bei denselben Kindern nach ein paar Jahren erneut durch, funktioniert die Hemmung aufgrund der Aktivität im ventrolateralen präfrontalen Kortex wesentlich besser.

Obwohl wir wissen, dass sich die Hirnregionen, die die Inhibition steuern, im Alter zwischen zwölf und achtzehn stark verändern, kennen wir nicht den genauen Ablauf dieses Veränderungsprozesses. So ist noch unklar, wann der ventrolaterale frontale Kortex auf Erwachsenenniveau arbeitet. Mit einiger Wahrscheinlichkeit können wir jedoch

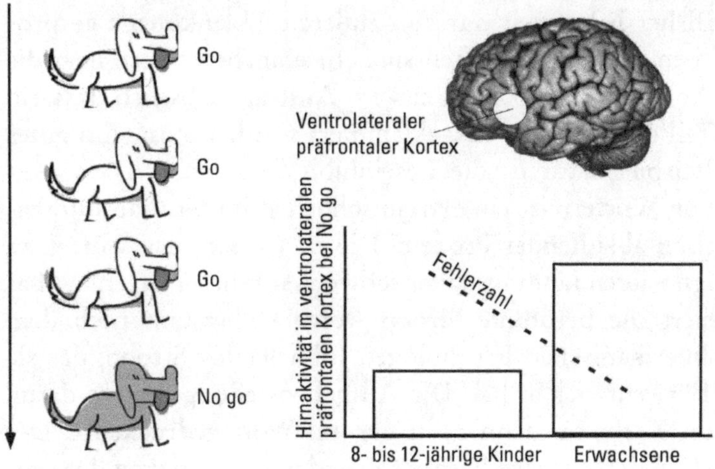

*Darstellung einer Go/No-go-Aufgabe, bei der auf ein Go-Zeichen (hier der weiße Hund) reagiert werden, auf ein No-go-Zeichen (hier der graue Hund) die Reaktion aber gebremst werden soll. Der ventrolaterale präfrontale Kortex spielt beim Bremsen eine wichtige Rolle (rechts oben), ist bei dieser Aufgabe bei Kindern jedoch weniger aktiv als bei Erwachsenen (rechts unten). Nach Casey u.a. (TICS, 2005) und Durston u.a. (*Developmental Science*, 2002).*

davon ausgehen, dass weder Zwölfjährige noch etwas ältere Jugendliche ihre Handlungsabläufe ebenso gut bremsen können wie Erwachsene, denn dazu ist ihr Gehirn in diesem Alter einfach nicht imstande. Aus diesem Grund können wir auch nicht erwarten, dass Jugendliche in einer lebhaften Unterrichtssituation Informationen in gleichem Maß wie Erwachsene herausfiltern können. Denn es fällt ihnen schwer, ihrem spontanen Impuls, auf die Bemerkungen ihrer Mitschüler einzugehen, zu widerstehen.

Bisher haben wir nur von äußeren Ablenkungen gesprochen, die auszuschalten sind. In manchen Fällen liegt die Ablenkung jedoch bereits im Auftrag selbst, so dass ein Teil des Auftrags ausgeklammert werden muss. Ein gutes Beispiel dafür ist die Leseinhibitionsaufgabe. Das Lesen von Wörtern ist ein extrem schneller, im Grunde automatisch ablaufender Prozess. Die *Bedeutung* der Wörter zu ignorieren fällt uns daher schwer. Auf dieser Eigenheit basiert die berühmte Stroop-Aufgabe, benannt nach dem amerikanischen Psychologen John Ridley Stroop, der sie 1935 entwickelt hat. Die Aufgabenstellung besteht darin, die Farbe zu nennen, in der ein Wort gedruckt ist. Der Clou der Aufgabe liegt in folgender Schwierigkeit: Das abgebildete Wort bezeichnet selbst eine Farbe. Das Wort »Rot« oder »Grün« wird nun entweder in der genannten Farbe (»Rot« in roter Farbe) oder in einer anderen Farbe (»Grün« in gelber Farbe) dargestellt. Wenn die Farbe, die genannt werden muss, von der Farbe, die das Wort bezeichnet, abweicht, ist es sehr schwierig, nicht das geschriebene Wort zu lesen. Denn wir sind so an das Lesen gewöhnt, dass wir es nicht ohne weiteres unterdrücken können.

Diesen als »Interferenz« bezeichneten Prozess erleben wir ständig. Interferenz ist zum Beispiel die Ursache für Versprecher, wie sie einem hin und wieder unterlaufen, etwa wenn man die Namen von Verwandten verwechselt oder einen neuen Geliebten versehentlich mit dem Namen des Ex anspricht. Patienten, deren frontaler Kortex geschädigt ist, und Kindern fällt es schwer, den Leseimpuls bei einer Stroop-Aufgabe zu unterdrücken. Wissenschaftler, die untersuchten, wie das Gehirn von Kindern und Jugendlichen bei der Bearbeitung dieser Aufgabe funktioniert, machten bei ihren Messungen eine wichtige Entdeckung.

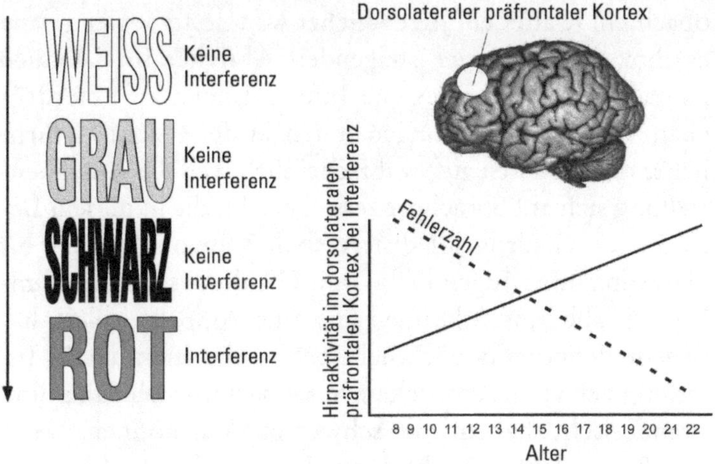

*Illustration einer Stroop-Aufgabe, bei der die jeweiligen Druckfarben benannt werden sollen, ganz gleich, welches Wort mit ihnen gedruckt wurde. Wenn das Wort und die Druckfarbe nicht identisch sind, liegt eine Interferenz vor. Der dorsolaterale präfrontale Kortex spielt beim Unterdrücken von Interferenzen eine wichtige Rolle (rechts oben), er wird mit zunehmendem Alter stärker aktiviert. Nach Adleman u. a. (*Neuroimage, *2002).*

Die Hirnregionen, die bei Erwachsenen für eine erfolgreiche Bearbeitung der Stroop-Aufgabe wichtig sind (der dorsolaterale frontale Kortex), verändern sich bis weit in die Adoleszenz hinein. Besonderes Augenmerk wurde bei Interferenzwortpaarungen (beispielsweise einem grün gedruckten Wort »Blau«, bei dem der Proband die Farbe Grün nennen muss) auf die Relation zwischen dem Alter der sieben- bis fünfundzwanzigjährigen Probanden und dem Aktivitätsgrad im lateralen frontalen Kortex gelegt. Bis zu einem Alter von zweiundzwanzig Jahren war eine lineare Steigerung der Aktivität dieser Hirnregion zu beobachten. Je älter ein Jugendlicher war, desto besser gelang es ihm, aufgrund der steigenden Aktivität im lateralen frontalen Kortex irrelevante Informationen zu unterdrücken. Diese Veränderungen treten in der linken Gehirnhälfte am stärksten auf, wahrscheinlich weil die Aufgabenstellung sich auf Sprachprozesse bezieht, die in diesem Bereich des Gehirns lokalisiert sind. Obwohl zwölf- bis vierzehnjährige Jugendliche ihre Handlungsabläufe ziemlich gut abbremsen können (etwa im Ampelbeispiel), haben sie dennoch beträchtliche Schwierigkeiten damit, Interferenzen zu unterdrücken. Susanne wird sich daher ihre Französischvokabeln nur schwer merken können, wenn das Radio läuft. Auch wenn Jugendliche *Multitasking* (gleichzeitig telefonieren, chatten und Hausaufgaben erledigen) scheinbar mühelos bewältigen, ist ihr Gehirn dieser Untersuchung zufolge noch nicht optimal dazu in Lage, unterschiedliche Aufgaben gleichzeitig zu erledigen, denn *Interferenzen* bereiten ihnen größere Schwierigkeiten.

Flexibilität und Planung: Schnelle Anpassung an ein sich wandelndes Umfeld

Flexibilität ist wahrscheinlich die wichtigste Kontrollfunktion. Denn schließlich müssen wir oft unsere Pläne korrigieren, weil etwas Unerwartetes geschieht, das unsere Aufmerksamkeit fordert. Gerade als wir im Begriff sind, das Haus zu verlassen, um Besorgungen zu machen, klingelt zum Beispiel das Telefon. Nun müssen wir flexibel vom ersten Plan (das Haus verlassen) zum zweiten Plan (das Telefongespräch annehmen) wechseln. Diese Flexibilität brauchen wir auch, um in unterschiedlichsten Bereichen neue Kompetenzen zu erwerben, etwa in der Mathematik oder in aktuellen Computerprogrammen. Hierbei nutzen wir fortwährend das Feedback auf unser Handeln. Wir registrieren, was richtig oder falsch war, und passen unser Handeln entsprechend an. Für das schulische Lernen hat das Lernen aus Feedback eine enorme Bedeutung. Flexibilität ist vor allem dann gefordert, wenn man anders handeln muss, als man es gewohnt ist.

Patienten, deren frontaler Kortex geschädigt ist, haben hauptsächlich mit dieser Anpassung große Schwierigkeiten. Sie sind es gewohnt, auf eine ihnen vertraute Weise zu handeln, der Übergang zu einem anderen, unerwarteten Handeln fällt ihnen daher schwer. Wenn man einen Patienten mit einer Schädigung des frontalen Kortex dazu auffordert, einen Nagel mit der Rückseite einer Haarbürste in die Wand zu schlagen, könnte ihm diese einfache Anweisung erstaunlich viele Probleme bereiten. Er versteht zwar den Auftrag, doch sobald er die Haarbürste in der Hand hat, verspürt er den Drang, sich die Haare zu kämmen. Denn diese Handlung ist so automatisiert, dass er sie kaum unterdrücken kann.

Die Rolle der Flexibilität ist in Experimenten, in denen Probanden bestimmten Regeln folgen sollen (etwa immer auf eine bestimmte Farbe reagieren) und auf ihr jeweiliges Vorgehen ein Feedback erhalten (richtig oder falsch), eingehend erforscht worden. Nachdem die Teilnehmer die Farbregel über einen gewissen Zeitraum befolgt haben, wird die Regel plötzlich verändert. Der Sinn dieser Änderung liegt darin, dass die Teilnehmer nun das »Feedback« nutzen müssen, um die neue Regel zu finden. Der Versuchsleiter gibt ihnen beispielsweise ein negatives Feedback, wenn sie auf die Farbe eines Bildes reagieren (er sagt ihnen, ihre Antwort sei falsch), und ein positives, wenn sie auf die Form reagieren (er sagt ihnen, ihre Antwort sei richtig). Die Originalversion dieser Aufgabe heißt »Wisconsin Card Sorting Task« und wurde 1948 entwickelt. Seit dieser Zeit hat man zahlreiche neue, veränderte Fassungen ausgetüftelt, um die unterschiedlichen Formen von Flexibilität zu messen. Ein wichtiges Ergebnis dieser Experimente besteht darin, dass es Patienten mit einer Schädigung des frontalen Kortex erwartungsgemäß zwar besonders schwerfällt, zu einer neuen Regel zu wechseln, dass sie dem Versuchsleiter jedoch durchaus erklären können, wie die neue Regel lauten muss. Ihr Handeln stimmt bei dieser Aufgabe offensichtlich nicht mit ihrem Wissensstand überein. Vielleicht liegt das daran, dass ihr aus der Aufgabenstellung erworbenes Wissen in einer anderen Hirnregion repräsentiert ist als die erforderlichen Handlungen.

In dieser Hinsicht gleichen kleine Kinder in ihrem Verhalten stark Patienten mit einer Schädigung des frontalen Kortex; auch ihnen fällt es schwer, von einer Regel zu einer anderen zu wechseln. Wenn man Dreijährige dazu auffordert, Bilder nach Formen zu sortieren (Blumen auf den Blumenstapel und Lastwagen auf den Lastwagenstapel), haben sie keine große Mühe damit. Wie es der Zufall will, sind die Bilder manchmal rot und manchmal blau, aber darauf müssen sie ja nicht achten. Nun ändert man die Aufgabenstellung und fordert sie dazu auf, auf die Farbe zu achten und außer Acht zu lassen, ob das Bild Blumen oder Lastwagen zeigt. Die roten Bilder gehören nun auf den roten Stapel, die blauen auf den blauen Stapel. Dreijährige können diesen Regelwechsel gut verstehen und sind auch dazu in der Lage, dem Versuchsleiter die neue Regel zu erklären (»Nun achte ich auf die Farbe, Rot gehört zu Rot, Blau gehört zu Blau.«).

Doch wenn sie die Aufgabe ausführen sollen, sortieren sie die Bilder weiterhin nach der Regel, die sie zuerst gelernt haben (Blumen zu Blumen, Lastwagen zu Lastwagen). Das ist sehr erstaunlich, denn sie haben ja die neue Regel durchaus verstanden. Genau wie bei Patienten mit einer Schädigung des frontalen Kortex sind Wissen und Handeln bei ihnen gewissermaßen zweigeteilt. Vier- und Fünfjährige können diese Aufgabe schon wesentlich besser erledigen, was bedeutet, dass sich die Flexibilität schon in der frühen Kindheit beträchtlich entwickelt. Sie ist jedoch selbst bei Fünfzehnjährigen noch nicht ausgereift.

Die Unterschiede zwischen Fünfzehnjährigen und Erwachsenen fallen zwar wesentlich geringer aus als die zwischen Dreijährigen und Erwachsenen, doch bleiben Jugendliche immer noch öfter als Erwachsene in der Regel »befangen«, die ihnen anfangs vorgegeben wurde.

Im Leidener Labor haben wir die für die Flexibilität wichtigen Hirnregionen genauer unter die Lupe genommen. Aufgrund von fMRT-Untersuchungen wissen wir, dass zwei Areale eine zentrale Rolle dabei spielen, dass Erwachsene etwas aus dem Feedback auf ihr Verhalten lernen. Beide befinden sich im frontalen Kortex. Doch wie entwickeln sie sich, und wie kommunizieren sie miteinander?

In unserem Labor untersuchten wir, wie acht- bis elfjährige Kinder, vierzehn- bis fünfzehnjährige Jugendliche und junge Erwachsene aus dem Feedback auf ihr Verhalten lernten, wenn sie flexibel von einer Regel zur anderen wechseln mussten. Ein Feedback, das das bisherige Vorgehen als falsch rückmeldete, aktivierte die beiden Hirnareale im frontalen Kortex, die für zielgerichtetes Handeln zuständig sind: den dorsolateralen präfrontalen Kortex und einen Bereich im Zentrum des frontalen Kortex, der anteriorer cingulärer Kortex genannt wird. Dieses Areal bezeichnet man auch als Alarmzentrum des Gehirns, weil es immer dann aktiv wird, wenn man Fehler macht. Auffallend war, dass eine Anzahl von Hirnregionen, die an der Bewältigung dieser Aufgabe beteiligt waren, schon früh Erwachsenenniveau erreichten. Doch noch bei Vierzehn- und Fünfzehnjährigen waren weder der dorsolaterale präfrontale Kortex noch der anteriore cinguläre Kortex ausgereift. Die Hirnregionen, die bei Erwachsenen für zielgerichtetes Handeln zuständig sind, befinden sich bei Jugendlichen also bis in die späte Adoleszenz hinein in der Entwicklung. Doch es gibt einen Hoffnungsschimmer: Obwohl Jugendliche im Vergleich zu Erwachsenen weniger Gehirnaktivität zeigten, wenn sie ein negatives Feedback erhielten, war bei ihnen nach positivem Feedback sogar mehr Gehirnaktivität erkennbar. Offenbar reagiert das Gehirn eines Jugendlichen stärker auf Motivation und Bestätigung, während es mit Strafen und Kritik weniger anzufangen weiß.

Wie steht es nun um Susannes Gehirn? Als Susanne dienstags in der Mathestunde an die Tafel gerufen wird, um ihre Hausaufgaben anzuschreiben, wünscht sie sich, sie wäre am Vortag besser organisiert gewesen. Obwohl ihr Heft leer ist, versucht sie ihr Glück. Nachdem sie die erste Aufgabe angeschrieben hat, teilt ihr der Lehrer mit, dass Lösung A falsch ist. In ein paar Jahren, wenn ihr frontaler Kortex hart genug arbeitet, wird sie in einem solchen Fall wissen, dass sie Aufgabe B auf anderem Wege lösen muss. Doch jetzt ist ihr Gehirn noch nicht optimal darauf eingestellt; daher scheitert sie bei Aufgabe B ebenfalls. Enttäuscht setzt sich Susanne wieder auf ihren Platz. Daraufhin wird eine ihrer Klassenkameradinnen aufgefordert, Aufgaben C und D zu lösen. Auch bei ihr stand die Mathematik gestern

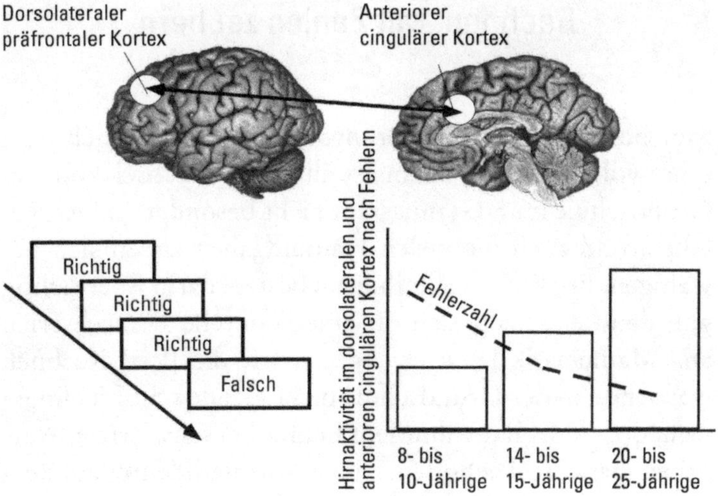

*Darstellung des Feedbacks bei der Bearbeitung einer Flexibilitätsaufgabe, in der die Teilnehmer zu einer anderen Regel wechseln sollen, wenn sie negatives Feedback erhalten (links). Bei negativem Feedback werden der dorsolaterale präfrontale und der anteriore cinguläre Kortex aktiv (oben), die bei einer Verhaltensanpassung eine wichtige Rolle spielen. Die Aktivität in diesen Arealen nimmt in der Adoleszenz noch zu. Nach Crone u. a. (*CABN, *2008).*

nicht so hoch im Kurs, daher muss sie es nun ebenfalls auf gut Glück probieren. Doch sie findet einen besseren Weg und kann Aufgabe C richtig lösen. Der Lehrer lobt sie und sagt ihr, sie habe die Aufgabe tadellos gelöst. Dieses Lob bringt ihren frontalen Kortex mächtig in Schwung, für sie bedeutet es, dass sie Aufgabe D auf dieselbe Weise angehen soll. Sie löst die Aufgabe korrekt, und alle sind zufrieden. Da das Gehirn pubertierender Jugendlicher stärker auf positive Signale reagiert, ist es also wirkungsvoller, sie für ihre Erfolge zu loben, als ihre Fehler zu kritisieren.

Rechnen: Mit Zahlen zaubern

Sam besucht die Orientierungsstufe und fühlt sich dort sehr wohl. Alles in allem ist ihm der Wechsel von der Grundschule zum Gymnasium nicht besonders schwergefallen, und auch die vielen Hausaufgaben lassen sich bewältigen. Englisch gefällt ihm am besten, darin ist er richtig gut, denn er schaut sich oft amerikanische Fernsehserien an.[1] Mathematik hasst er dagegen wie die Pest! Rechnen war schon in der Grundschule nicht gerade sein Lieblingsfach, doch dort hatte ihm sein Lehrer bei schwierigen Aufgaben manchmal geholfen. Sein Mathematiklehrer auf dem Gymnasium ist leider nicht so nett, seiner Meinung nach sollte sich Sam mehr anstrengen oder Nachhilfe nehmen. Aber woher soll Sam die Zeit dafür nehmen? Seine Mathematikhausaufgaben schiebt er immer bis zuletzt auf, oft kommt er gar nicht mehr dazu. Am liebsten würde er Mathe sofort aus seinem Stundenplan streichen.

Rechnen ist wahrscheinlich eine der größten schulischen Hürden. Erstaunlicherweise weiß man sehr wenig über die Hirnregionen, die man zum Rechnen braucht. Wahrscheinlich weil es sich um eine sehr komplexe Fertigkeit handelt. Man muss Zahlen erkennen, muss wissen, in welchem Verhältnis sie zueinander stehen, sich eine räumliche Vorstellung von Mengen machen können und komplexe Operationen mit diesen Zahlen durchführen, um zu Ergebnissen zu gelangen. Momentan beschäftigen sich Forscher mit den folgenden Fragen: Gibt es eine Hirnregion, die für das Zahlenverständnis wichtig ist? Wodurch entwickelt sich

---

1 *Amerikanische Fernsehserien werden in den Niederlanden nicht synchronisiert – Anm. d. Übers.*

die Fähigkeit, mit Zahlen umzugehen? Welche Hirnregionen ermöglichen es uns, Rechenaufgaben zu lösen? Gibt es gewisse Risikofaktoren, die darüber entscheiden, ob man gut rechnen lernt oder nicht? Ist es in bestimmten Entwicklungsphasen leichter oder schwieriger, rechnen zu lernen? Für Jungen wie Sam ist es entscheidend, auf solche Fragen Antworten zu finden.

Heute sind wir mit ersten Schritten zu diesen Antworten unterwegs. Aus Untersuchungen mit Erwachsenen wissen wir, dass bei einfachen Additionen und Subtraktionen der parietale Kortex beansprucht wird, ein Bereich im hinteren Teil des Gehirns, der auch für die räumliche Repräsentation wichtig ist (etwa um einen Weg zu finden). Eine Schädigung des frontalen oder des parietalen Kortex kann große Probleme beim Rechnen verursachen. Welche Bedeutung diese beiden Areale für das Rechnen haben, ist noch nicht ganz klar, aber vieles deutet darauf hin, dass im parietalen Kortex Zahlen repräsentiert werden, während die Bedeutung des frontalen Kortex darin liegt, diese Zahlen im Gedächtnis präsent zu halten. Aus diesem Grund sind die Verbindungsbahnen zwischen diesen beiden Arealen äußerst wichtig. Sie sind allerdings bis weit in die Adoleszenz hinein Veränderungen unterworfen.

Wenn man Kinder und Jugendliche zwischen acht und siebzehn bittet, in einem fMRT-Scanner einfache Rechenaufgaben zu lösen, nutzen sie dazu zwar auch den parietalen Kortex, doch in viel geringerem Maß als Erwachsene. Anders als Erwachsene beanspruchen sie bei diesen einfachen Rechenaufgaben den frontalen Kortex, womöglich weil sie zum Lösen von Rechenaufgaben stärker auf Kontrollfunktionen (wie das Arbeitsgedächtnis) zurückgreifen. Je jünger die Jugendlichen sind, desto mehr nutzen sie den frontalen Kortex; je älter sie werden, desto stärker

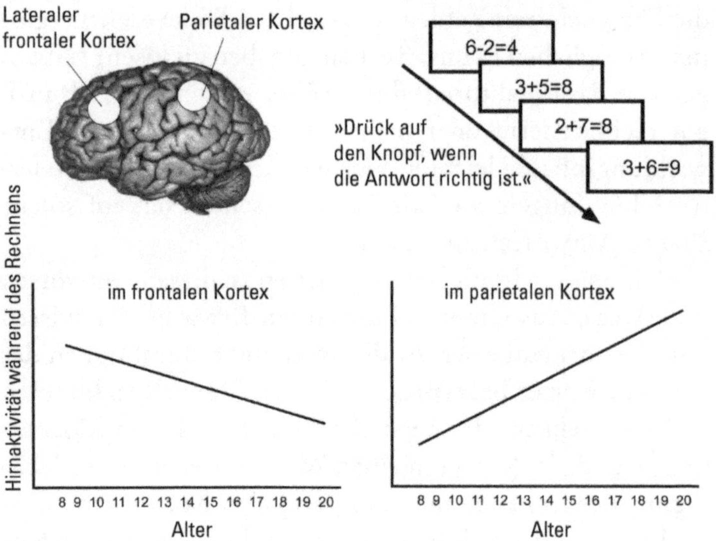

Abbildung des frontalen und des parietalen Kortex, die beim Rechnen eine wichtige Rolle spielen (links oben). Diese Hirnregionen werden aktiv, wenn die Teilnehmer im MRT-Scanner rechnen (rechts oben). Die Aktivität im frontalen Kortex nimmt mit zunehmendem Alter der Probanden ab, die Aktivität im parietalen Kortex jedoch zu. Nach Rivera u. a. (Cerebral Cortex, *2005).*

nehmen sie den parietalen Kortex in Anspruch. Nach unserer Einschätzung ist das darauf zurückzuführen, dass das Lösen einfacher Rechenaufgaben mit zunehmendem Alter mehr und mehr automatisiert wird, während sich in jungen Jahren der frontale Kortex noch anstrengen muss, um beim Rechnen behilflich zu sein. Wir wissen bislang nicht genau, wie es sich mit komplexen Berechnungen verhält, doch es ist anzunehmen, dass Jugendliche in der Adoleszenz diese erst richtig lösen können, wenn ihr frontaler Kortex reif dazu ist. Für die wissenschaftliche Forschung gibt es hier noch viel zu entdecken. Bis dahin muss Sam sich durchbeißen, hoffentlich mit der Unterstützung und Anleitung seines Mathematiklehrers, die er offensichtlich braucht.

Sprache: Timing ist wichtig

Wenngleich Sam mit Mathematik so seine Schwierigkeiten hat, ist er in neueren Sprachen spitze. Er konnte schon ganz gut Englisch, bevor er aufs Gymnasium kam. Und dort stellte er fest, dass ihm auch andere Sprachen lagen; in Französisch hat er sogar eine Eins im Zeugnis. Gibt es also vielleicht so etwas wie eine spezielle Mathematik- oder Sprach-Hirnwindung? Funktioniert bei Sam die Hirnwindung für Mathematik einfach schlechter als die für Sprachen? Die Vorstellung spezieller Hirnwindungen ist vielleicht etwas zu simpel, aber Studien deuten darauf hin, dass es im Gehirn neben einem Netzwerk für Mathematik ein spezielles Netzwerk für Sprache gibt.

Etwa 1860 machte der Arzt Paul Broca bei Untersuchungen des Gehirns eine außergewöhnliche Entdeckung, die zur Lokalisierung eines Sprachareals führte. Sein Ziel war es herauszufinden, auf welche Weise Sprache erlernt wird. Zu diesem Zweck untersuchte er Patienten mit Aphasie, einer Krankheit, die Schwierigkeiten beim Sprechen verursacht. Einer seiner Patienten litt unter einer besonders schweren Form. Obwohl er verstand, was in seiner Umgebung vor sich ging, konnte er selbst nur die Laute »Tan Tan« hervorbringen. Nach dem Tod von Patient »Tan« im Jahr 1861 untersuchte Broca sein Gehirn. Es of-

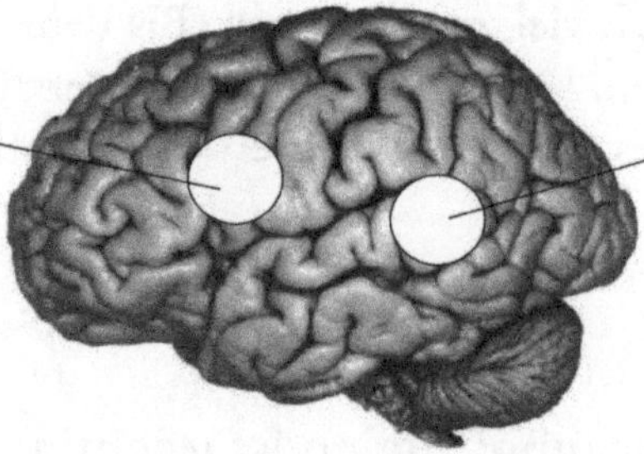

Hirnregionen, die für das Sprechen und das Sprachverständnis wichtig sind

fenbarte sich, dass ein großer Teil der linken frontalen Gehirnhälfte geschädigt war. Aufgrund dieser Entdeckung betrachtete man diesen Teil des Gehirns als einen für das Sprechen wichtigen Bereich (man nannte ihn Broca-Areal).

Bemerkenswerterweise ist ein anderes Hirnareal, das hinten im Temporallappen gelegen ist, für das *Verstehen von Sprache* wichtig, nicht jedoch für das *Sprechen*. Mit anderen Worten: Patienten mit einer Schädigung dieses Areals (das nach dem deutschen Anatom Carl Wernicke Wernicke-Areal genannt wird) können zwar fließend Wörter bilden, doch diese Wörter haben keine kohärente Bedeutung. Sprache wird demzufolge in unterschiedlichen, miteinander kooperierenden Bereichen des Gehirns repräsentiert.

Das Erlernen einer Sprache ist ein äußerst komplexer Prozess, der teilweise automatisch und teilweise bewusst verläuft. Der Spracherwerb setzt sehr früh ein. Schon mit etwa einem Jahr sprechen Babys die ersten Wörter. Im Alter von anderthalb bis zwei Jahren wächst ihr Wortschatz gewaltig an (man spricht vom *vocabulary burst*). In dieser

Zeit lernen Kinder täglich sieben bis neun neue Wörter. Mit etwa drei Jahren können die meisten Kinder grammatisch korrekte Sätzchen bilden, die aus etwa fünf Wörtern bestehen. Während sie anfangs beide Hemisphären des Gehirns zur Regulierung ihres Sprechens nutzen, wird Sprache nun vorwiegend in der linken Hemisphäre verarbeitet. Es ist klar, dass Jugendliche in der Adoleszenz schon sehr gut mit Sprache umgehen können und der sprachliche Lernprozess bereits viel früher stattgefunden hat. Da sich das Sprachvermögen aber gut dazu eignet, das Auftreten sensibler Phasen zu illustrieren, möchte ich hier doch näher darauf eingehen.

Unter einer sensiblen (oder kritischen) Phase versteht man einen Zeitraum, in dem Kinder gewisse Informationen besser aufnehmen. Kleinen Kindern fällt es beispielsweise leichter als Erwachsenen, eine neue Sprache zu lernen, weil sie sich in einer für die Sprachentwicklung sensiblen Phase befinden. Diese sensible Phase wird durch eine Reorganisation von Zellen und Strukturen im Gehirn verursacht, die in den für den Spracherwerb maßgeblichen Arealen eine besonders hohe Flexibilität erzeugt. Die genauen Mechanismen dieser Entwicklung sind noch unbekannt, Forscher vermuten jedoch, dass sie auf eine verstärkte Synaptogenese im Temporalkortex zurückzuführen ist. Die sensible Phase ist eine Zeit, in der zunächst eine Überproduktion von grauer Substanz stattfindet. Später verringert sich die Produktion wieder, was dazu führt, dass die betroffenen Areale ihre Funktionen effektiver erfüllen. Wissenschaftler sind der Auffassung, dass die Fähigkeit, eine Sprache akzentfrei sprechen zu lernen, mit diesen Veränderungen in Zusammenhang steht. In dieser Phase kann dieses Hirnareal also optimal genutzt werden: Bis zu einem Alter von sieben Jahren kann man auch eine zweite Sprache akzentfrei lernen, ab einem Alter zwischen acht und zehn wird das immer schwieriger.

Kinder, die im Alter von vier bis sechs Jahren in Isolation aufgewachsen sind und weder zu gesprochener noch zu Gebärdensprache Zugang hatten, können offenbar nicht mehr lernen, vollständige Sätze zu bilden. Unser Gehirn ist zwar von Geburt an dazu ausgelegt, eine Sprache zu erlernen, doch damit dieser sprachliche Lernprozess im Gehirn tatsächlich in Gang kommt, bedarf es späterer Stimuli aus dem Umfeld. Die traurige Geschichte eines Mädchens namens Genie, das in den sechziger Jahren in Los Angeles aufwuchs, illustriert diese Tatsache. Als man Genie am 4. November 1970 fand, war sie dreizehn Jahre alt und wog bei einer Körpergröße von 1,37 Meter dreißig Kilo. Genies Mutter war blind, ihr Vater litt unter schweren Depressionen. Als Genie zwanzig Monate alt war, teilte ein Arzt den Eltern mit, dass sie sich etwas langsamer als andere Kinder entwickeln würde. Daraus folgerte ihr Vater, sie sei geistig zurückgeblieben, und schloss sie unter elenden Bedingungen ein. Genie lebte völlig isoliert, und ihre Eltern kommunizierten kaum mit ihr. Sie lernte nicht laufen und konnte keine feste Nahrung schlucken. Als Genie dreizehn war, fasste ihre Mutter den Entschluss, ihren Mann zu verlassen und in einer Blindeneinrichtung Unterstützung zu suchen; ihre Tochter nahm sie mit. Der dortige Sozialarbeiter dachte zunächst, er hätte eine Sechs- oder Siebenjährige vor sich. Als man erfuhr, dass das Mädchen fast vierzehn war, war man sich sofort darüber im Klaren, wie schwer sie misshandelt und vernachlässigt worden war. Genie konnte zwar nicht richtig sprechen, doch immerhin einige kurze Sätze bilden wie »Stop it« oder »No more«.

Nachdem Sozialarbeiter Genie in ihre Obhut genommen hatten, wurde sie lange Zeit von Sprachwissenschaftlern und Psychologen begleitet. Genie kam in eine Pflegefamilie und ging in spezielle Schulen. Sie lernte, in ihrem Umfeld Freundschaften zu schließen, zu sprechen und sogar zu singen. Doch sie lernte nie, eine Sprache so wie andere Kinder zu sprechen. Sie kam nicht über kurze Sätze hinaus und hatte weiterhin große Probleme mit der Grammatik. Sie sprach Sätze wie »Apple sauce buy store« oder »John come happy, John not come sad«. Forscher zogen aus diesem ungewöhnlichen Feldexperiment den Schluss, dass es eine sensible Phase für die Sprachentwicklung geben müsse. Genie konnte zwar andere Fertigkeiten wie Laufen und Springen erlernen und konnte auch die Intentionen anderer auffassen. Sie lernte viele neue Wörter und Begriffe und verstand, was man ihr sagte. Aber Grammatik muss man wohl in jungen Jahren erlernen, um sie richtig anwenden zu können. Heute lebt Genie in einem Altersheim in Kalifornien.

In der kindlichen Entwicklung gibt es also eine Phase, in der die Gehirnfunktionen optimal auf den Spracherwerb eingestellt sind. Vorher damit zu beginnen ist selten sinnvoll, denn dann ist das Gehirn noch nicht »bereit« dazu. Eine Sprache zu spät zu lernen, ist jedoch ebenfalls nachteilig, denn dann hat man die sensible Phase dafür verpasst. Dasselbe gilt für das Erlernen einer Zweitsprache.

In der Grundschule werden heute Programme angeboten, die Kinder schon früh mit Englisch in Berührung bringen. Wie effektiv diese Programme sind, muss noch erforscht werden, es ist aber durchaus denkbar, dass Kinder, die in so jungen Jahren Englisch lernen, diese Sprache später akzentfrei sprechen. Letzteres gelingt natürlich nur dann, wenn der Lehrer oder die Lehrerin die Sprache selbst akzentfrei beherrscht, da die Kinder sich andernfalls den Akzent des Lehrers einprägen.

Zum Schluss: Was macht das Gehirn intelligent?

Intelligenz ist ein äußerst komplexes Phänomen, das sich aus unterschiedlichen Teilprozessen zusammensetzt. Es sind viele verschiedenartige Tests zur Messung von Intelligenz entwickelt worden. Nach Auffassung der beiden niederländischen Forscher Wilma Resing und Pieter Drenth muss Intelligenz als »ein Konglomerat intellektueller Fähigkeiten, Prozesse und Kompetenzen« beschrieben werden.

Sie unterscheiden die folgenden Teilkompetenzen:

1. abstrakt denken,
2. Beziehungen entdecken,
3. Probleme lösen,
4. Gesetzmäßigkeiten in ungeordnetem Material erkennen,
5. mit vorhandenem Wissen neue Probleme angehen,
6. ohne Anleitung selbständig arbeiten und lernen,
7. sich flexibel den Erfordernissen des Umfelds anpassen.

Dahinter steht die Idee, dass Intelligenz aus einer Reihe unabhängiger Faktoren besteht, die im Zusammenwirken eine allgemeine Intelligenz bilden.

Andere, wie Howard Gardner, sprechen aufgrund ihrer Forschung nicht nur von unterschiedlichen Teilprozessen, sondern von unterschiedlichen Formen von Intelligenz. Sie gehen davon aus, dass verschiedene Formen der Intelligenz bei einem Menschen unterschiedlich stark ausgebildet sein können. Gardner zählt neben den üblichen kognitiven Fähigkeiten (für Sprache, Mathematik und räumliches Anschauungsvermögen) auch interpersonale Fähigkeiten zu den Intelligenzformen, ebenso musikalische Fähigkeiten, Köperbeherrschung, Selbsterkenntnis und Kenntnisse über die Natur und die Umwelt.

Einige Forscher sind der Ansicht, es sei unredlich, Intelligenz mit Hilfe von Tests zu messen, die auf verbale Kompetenzen zurückgreifen, weil diese vom jeweiligen Bildungsstand abhängig sind. John Raven entwickelte unter dieser Prämisse den Raven-Progressive-Matrices-Test, der einzig auf allgemeine, kulturunabhängige Fähigkeiten Bezug nimmt. Die Kennzeichnung »kulturunabhängig« macht den Anspruch deutlich, dass der Test von allen Kindern, ob sie aus Deutschland, den Niederlanden, Amerika, Marokko oder Zimbabwe stammen, gleichermaßen bearbeitet werden kann. Der Schwierigkeitsgrad dieses Tests soll nicht von vorangegangenen Lernerfahrungen oder dem jeweiligen Umfeld geprägt sein. Der Test ist so aufgebaut, dass der Proband durch Auswahl aus sechs oder acht vorgegebenen Möglichkeiten das fehlende Element einer Matrix ergänzen muss. Raven war der Überzeugung, dass sich auf diese Weise nicht nur die Intelligenz verschiedener Kulturen miteinander vergleichen ließe, sondern auch die Intelligenz von Kindern messbar sei, die in fremde Länder emigriert waren oder unter Taubheit litten.

Offensichtlich ist man sich nicht darüber einig, was genau unter Intelligenz zu verstehen und auf welche Weise sie zu messen ist – und das, obwohl Intelligenz bei der Wahl einer Schule und in Auswahlverfahren ein so entscheidendes Kriterium darstellt. Wie ist das möglich, wenn wir nicht einmal wissen, wie wir Intelligenz messen sollen?

Glücklicherweise sind sich die Wissenschaftler bei der Definition des Begriffs Intelligenz nicht in allen Aspekten uneins. Im Allgemeinen geht man davon aus, dass unter diesem Begriff verschiedene Teilprozesse gemessen werden und sich daraus ein stabiler Wert ergibt, der sich bei Messungen zu unterschiedlichen Zeiten nicht verändert. Außerdem ist man sich darüber einig, dass Intelligenz viel mit Problemlösungsfähigkeiten zu tun hat.

Ein vielverwendeter Intelligenztest ist der Wechsler-Intelligenztest. Er besteht aus elf Einzeltests, von denen sechs auf verbale und fünf auf handlungsbezogene (praktische) Kompetenzen Bezug nehmen. Auf diese Weise lassen sich ein verbaler und ein handlungsbezogener Intelligenzquotient (IQ) ermitteln, die gemeinsam den allgemeinen IQ ergeben (der Durchschnittswert liegt bei 100). Es gibt unterschiedliche Tests für Erwachsene und Kinder, und in jeder Altersgruppe können die individuell erreichten Punkte mit denen einer Normgruppe verglichen werden.

In den USA widmete sich eine groß angelegte Langzeitstudie am National Institute for Health dem Zusammenhang von Intelligenz und Hirnentwicklung. Über mehrere Jahre hinweg beobachtete man zweihundert bis dreihundert Testpersonen zwischen acht und achtzehn Jahren. Von jedem Teilnehmer wurden im Abstand von etwa zwei Jahren mindestens zwei Hirnscans gemacht. Bei allen Kindern und Jugendlichen wurde mit Hilfe des Wechsler-Intelligenztests für Kinder ihr persönlicher IQ ermittelt. Aufgrund der Punktzahl, die sie erreichten, teilte man sie in drei Gruppen ein; man unterschied zwischen »überragender Intelligenz« (IQ zwischen 121 und 149), »hoher Intelligenz« (IQ zwischen 109 und 120) und »durchschnittlicher Intelligenz« (IQ zwischen 83 und 108).

In allen drei Intelligenzgruppen maßen die Forscher in verschiedenen Entwicklungsphasen die Dicke des gesam-

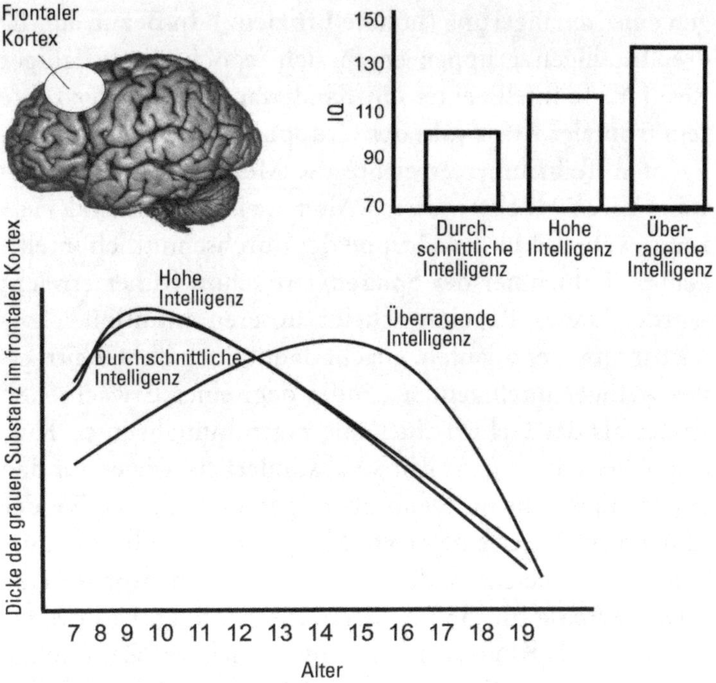

*Die Bildung der grauen Substanz im frontalen Kortex bei Kindern mit durchschnittlicher, hoher und überragender Intelligenz. Bei überragend intelligenten Kindern erreicht die Dicke der grauen Substanz später ihren Spitzenwert als bei Kindern mit durchschnittlicher und hoher Intelligenz. Nach Shaw u. a. (*Nature, *2006)*

ten Kortex (die Menge der grauen und der weißen Substanz). Wie schon andere Wissenschaftler vor ihnen stellten sie fest, dass sich in der Adoleszenz vor allem der frontale Kortex noch in einem Reifeprozess befindet (also: je älter, desto reifer der frontale Kortex). Das bedeutet, dass bei jüngeren Kindern noch eine Zunahme der grauen Substanz zu erkennen war (mehr Materie), in der Adoleszenz dagegen eine Verringerung (höhere Effizienz). In Bezug auf die drei Intelligenzgruppen ergab sich jedoch ein auffälliges Resultat: Je intelligenter ein Kind war, desto *später* reifte sein frontaler Kortex. In der Gruppe der überragend intelligenten Teilnehmer erreichte die Menge an grauer Substanz ihren Höchstwert im Alter zwischen elf und vierzehn, während in der Gruppe der durchschnittlich intelligenten Teilnehmer der Spitzenwert schon früher erreicht wurde. Dieses Resultat scheint unseren Intuitionen zunächst zuwiderzulaufen, gleicht damit doch das Gehirn eines weniger intelligenten Kindes dem eines Erwachsenen früher als das Gehirn eines überragend intelligenten Kindes. Aber das ist gar nicht so absonderlich, wie es auf den ersten Blick scheint. Denn überragend intelligente Kinder können so länger eine große Menge grauer Substanz nutzen, und vielleicht bildet gerade diese Lebensphase eine sensible Phase für die Intelligenzentwicklung. Das bedeutet, dass sich Kinder sowohl hinsichtlich des Zeitpunkts, zu dem sie neue Dinge lernen können, als auch hinsichtlich der Zeitspanne, in der ihr Gehirn reift, voneinander unterscheiden. Dem einen Kind mag es mit elf leichter fallen, dividieren zu lernen, dem anderen erst mit dreizehn. Das bedeutet nicht zwangsläufig, dass das elfjährige Kind klüger ist; es kann durchaus sein, dass beide Kinder mit achtzehn auf dem gleichen Niveau sind, dass das dreizehnjährige Kind aber ein Spätentwickler ist. Sein Gehirn entwickelt sich einfach in einem anderen Tempo und durchläuft hierbei einen späteren oder längeren »Wachstumsschub« als das des elfjährigen. Leider gibt es momentan kaum Möglichkeiten, den Unterricht individuell auf diese Entwicklungsunterschiede abzustimmen. Meistens ist das jedoch nicht so tragisch; wenn Jugendliche in Mathematik oder Physik etwas zurückfallen, bekommen sie eine Zeitlang

Nachhilfe, oder sie gleichen das vielleicht in anderen Fächern aus, in denen sie besonders gut sind. Doch bei einigen Tests, etwa dem Cito-Test, die über die künftige Schullaufbahn eines Schülers entscheiden können, ist das durchaus problematisch. Da diese Tests immer zu einem bestimmten Zeitpunkt stattfinden, empfehlen sie manchen Jugendlichen, die Spätentwickler sind und deren Gehirn erst etwas später zu einem »Wachstumsschub« ansetzt, möglicherweise die falsche Schulform.

Zusammenfassung

Im Vorangehenden haben wir gesehen, dass der Entwicklungsprozess von Hirnregionen, die für Kontrollfunktionen wichtig sind, bis in die Adoleszenz hineinreicht. Zudem gibt es innerhalb der Gehirnentwicklung sensible Phasen, in denen es leichter ist, sich bestimmte Fertigkeiten anzueignen. Solche Phasen wurden vor allem für den Spracherwerb ermittelt, doch wahrscheinlich gibt es sie auch für andere Funktionen, die in diesem Kapitel thematisiert wurden, etwa das Arbeitsgedächtnis oder die Flexibilität.

Wir haben außerdem gesehen, dass unterschiedliche Hirnregionen unterschiedlichen Entwicklungsverläufen folgen. Es ist günstig, sich gewisse Fertigkeiten in einer dafür sensiblen Phase anzueignen, und es ist weniger sinnvoll, sich darum zu bemühen, wenn das Gehirn dazu noch nicht bereit ist. Es ist übrigens falsch anzunehmen, das Gehirn eines Erwachsenen sei nicht mehr flexibel. Auch als Erwachsene können wir Neues lernen, es geht nur nicht mehr so schnell wie bei Jugendlichen.

Eine der offenen Fragen in der Forschung zur Entwicklung der Hirnareale bildet die Kontroverse Reifung versus Übung. Wir gehen davon aus, dass Kinder bestimmte Hirnregionen nicht gut nutzen, weil die Nervenzellen darin noch nicht effizient genug arbeiten oder die entsprechenden Verbindungen noch nicht geknüpft wurden. Andererseits sind Kinder möglicherweise einfach weniger geübt als Erwachsene. Könnten Kinder mit einem extrem hohen Trainingsaufwand vielleicht ebenso viel leisten wie Erwachsene? Diese Frage ist nicht leicht zu beantworten und wirft ihrerseits wieder neue spannende Fragen zur Flexibilität des Gehirns auf. Wäre es denn vielleicht möglich, sein Gehirn zu trainieren wie ein Athlet seinen Körper und so das Arbeitsgedächtnis und seine Flexibilität zu Höchstleistungen anzuspornen?

Wenn man das Arbeitsgedächtnis trainieren könnte und es dafür einen optimalen Zeitraum gäbe, könnten wir davon erheblich profitieren. Denn das Arbeitsgedächtnis ist für fast alle schulischen Kompetenzen bedeutsam. Uns ist jedoch klar, dass wir nicht aus jedem einen Mozart machen können. Welche Hirnregionen sich genau trainieren lassen und welche nicht, wird wohl erst die zukünftige Forschung zeigen. Es sind Fragen wie diese, an denen wir heute im Leiden Brain & Development Laboratory arbeiten.

In diesem Kapitel wollte ich deutlich machen, was wir über die Hirnentwicklung Jugendlicher in der Adoleszenz wissen und wie wir dieses Wissen zu unseren Erwartungen an Jugendliche in der Schule in Beziehung setzen können. Es ist wichtig, unsere Ergebnisse den Lehrkräften künftig gut verständlich zu machen. Denn der Siegeszug der Educational Neuroscience hat leider zur Entstehung sogenannter Neuromythen geführt, die auf fehlinterpretierten Resultaten der Hirnforschung basieren. Beispielhaft dafür sind die »Gehirntrainingsprogramme«, die das Gehirn schneller und leistungsfähiger machen sollen, die aber jeglicher wissenschaftlichen Grundlage entbehren.

Das Interesse von Lehrern, etwas über den Entwicklungsprozess des Gehirns zu erfahren, ist mit Händen zu greifen. Lehrer sind auf der Suche nach Informationen zu diesem Thema, und Wissenschaftler haben die Möglichkeit, Eltern und Lehrer für diese wissenschaftliche Forschung zu begeistern. Daher ist es wichtig, den Kontakt zwischen Lehrern, Eltern und Wissenschaftlern mit Hilfe von Diskussionsveranstaltungen und Informationstagen zukünftig möglichst zu intensivieren. Die ersten Schritte dazu werden heute getan.

In diesem Kapitel haben wir uns den kognitiven Funktionen des Gehirns ausschließlich in kontrollierten Situationen gewidmet. Natürlich ist aber jedem klar, dass unsere Entscheidungen und Entschlüsse im Alltag von Emotionen, Freunden und der Familie beeinflusst, wenn nicht gar bestimmt werden. In der Adoleszenz spielen diese Einflüsse eine maßgebliche Rolle, ein Umstand, der nicht zuletzt auf Veränderungen des Gehirns in dieser Zeit zurückzuführen ist. Aus diesem Grund steht das emotionale Gehirn im Fokus des folgenden Kapitels.

3

Das emotionale Gehirn

Emotionen im adoleszenten Gehirn

Francien weiß einfach nicht mehr, woran sie ist. Gestern, als sie mit ihrer Tochter Susanne eine Shoppingtour machte, war das Mädchen noch gut gelaunt. Sie kaufte ihr eine neue Jacke, über die sich Susanne riesig freute, und anschließend waren sie auf einen Kaffee in ein Straßencafé gegangen. Eigentlich war es so wie früher, als Susanne gern mit ihrer Mutter unterwegs war und sie immer viel Spaß miteinander hatten. Doch sobald sie zu Hause waren, ging alles schief – wie so oft in letzter Zeit. Francien hatte ihre Tochter nur gefragt, ob sie daran gedacht habe, ihren Schrank aufzuräumen, da ging Susanne in die Luft. Sie war stinksauer. Immer solle sie an allem schuld sein, und nie sehe man, was sie alles tue. Dann rannte sie in ihr Zimmer, schlug die Tür hinter sich zu und drehte die Musik laut. Als Francien später nachsah, war die Tür verschlossen, doch sie konnte hören, dass Susanne mit einer ihrer Freundinnen telefonierte.

Viele Jugendliche durchleben in der Adoleszenz Phasen, in denen sie überempfindlich und leicht reizbar sind. In diesem Alter kann man so wütend werden, als hätte sich die ganze Welt gegen einen verschworen, oder sich vor Lachen krümmen, bis man Bauchschmerzen davon bekommt. Kurz gesagt: Die Emotionen spielen vollkommen verrückt. Wie kommt das? Welche Vorgänge im Gehirn bewirken, dass Teenager plötzlich so explosiv reagieren?

Wenn wir von Emotionen sprechen, weiß eigentlich jeder, was damit gemeint ist. Andererseits handelt es sich um einen sehr komplexen Begriff. Denken Sie nur daran, wie viele Arten von Emotionen es gibt und wie oft es vorkommen kann, dass man ganz unterschiedliche Emotionen gleichzeitig hat. Emotionen werden häufig als Gefühlserlebnisse (wie Freude, Glück oder Zorn) beschrieben. In der Adoleszenz wechseln sie einander schneller ab und scheinen extremer zu sein als zuvor. Früher hätte Susanne vielleicht auch gemeckert, wenn sie ihr Zimmer aufräumen musste, doch heute rastet sie total aus und fühlt sich völlig unverstanden. Durch unser Wissen über die Hirnentwicklung können wir dieses Verhalten heute besser erklären. Wissenschaftler konnten nachweisen, dass der emotionale Bereich des Gehirns bei Jugendlichen in emotional heiklen Situationen tatsächlich hyperaktiv ist. Was im Zusammenspiel mit einem langsam reifenden Kontrollsystem (siehe Kapitel 2) für Jugendliche bisweilen eine nicht zu unterschätzende Bürde darstellt. Das emotionale System und das rationale (Kontroll-)System ihres Gehirns halten sich noch nicht die Waage.

In der Hirnforschung unterscheidet man in der Regel zwischen zwei Typen von Emotionen: primären und sekundären. Primäre Emotionen sind direkte Reaktionen auf das eigene Umfeld, wie die Empfindung von Angst in einer gefährlichen Situation, etwa wenn man um ein Haar von einem vorbeirasenden Auto erfasst worden wäre. Andere Beispiele für primäre Emotionen sind Freude, Zorn oder Traurigkeit. Diese Emotionen können schon in sehr frühen Phasen der Entwicklung wahrgenommen werden. Kleine Kinder lernen mit Hilfe dieser Emotionen, was erlaubt ist und was nicht. Wenn Kinder etwas Gefährliches tun (zum Beispiel am Schalter des Gasherds herumspielen), werfen die Eltern ihnen vermutlich einen strengen Blick zu und sagen mit tiefer Stimme, dass sie das lassen sollen. Auf diese Weise verbindet das Kind die Handlung (die zunächst emotional neutral war) mit der verärgerten Reaktion der Eltern und wird sich in Zukunft davor fürchten, sie zu wiederholen.

Sekundäre Emotionen sind komplexer. Es handelt sich dabei nicht um angeborene, sondern um erlernte Emotionen, die sich nicht so einfach aus den Gesichtszügen ablesen lassen, sondern aus einem komplexen Zusammenspiel unterschiedlicher Situationen hervorgehen. Aufgrund früherer Erfahrungen empfinden wir manche Situationen heute als angenehm, während wir andere lieber meiden. Weil wir uns diese Emotionen erst im Lauf der Zeit aneignen, sind sie nicht bei allen Menschen gleich. Susanne geht gern auf den Jahrmarkt, weil sie dort im letzten Jahr mit ihren Freundinnen viel Spaß hatte. Sam hingegen mag den Jahrmarkt überhaupt nicht, weil er dort im vergangenen Jahr mit ansehen musste, wie das Mädchen, in das er verliebt war, einen anderen küsste. Bei diesen Emotionen denken wir an Situationen, die zu einem guten oder schlechten Gefühl führen können, wie Erleichterung oder Scham. Häufig können wir diese Emotionen nicht explizit benennen, aber wir lernen aus unseren Gefühlen, ob wir in manchen Situationen wieder genauso oder anders entscheiden wollen. Das Gefühl spielt bei sekundären Emotionen also eine wichtige Rolle: Wenn man an eine bestimmte Situation denkt, empfindet man das damit verbundene angenehme oder unangenehme Gefühl gewissermaßen ein zweites Mal.

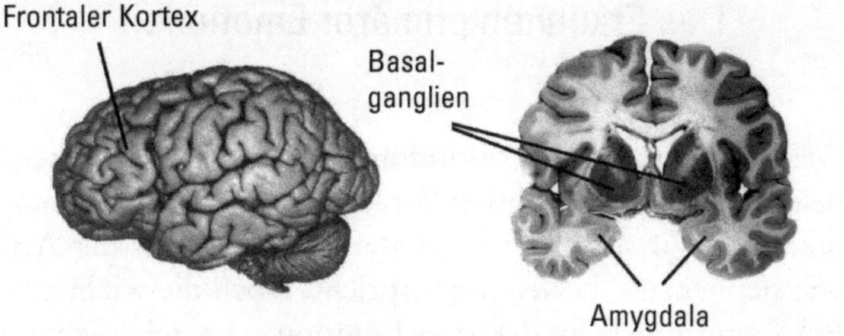

Darstellung des frontalen Kortex (Seitenansicht), der Amygdala und der Basalganglien (Vorderansicht).

In der Adoleszenz verändert sich das Erleben sowohl der primären wie der sekundären Emotionen. Bei primären Emotionen geht es häufig um die Beurteilung einer Situation oder die Einschätzung der Emotionen anderer. Obwohl Jugendliche in der Adoleszenz primäre Emotionen schon ziemlich gut einschätzen können, findet in diesem Bereich noch eine Entwicklung statt, weshalb es Jugendlichen manchmal schwerfällt, bestimmte Gesichtsausdrücke richtig einzuordnen. Im Folgenden werden wir sehen, dass diese Entwicklung mit der Aktivität der Amygdala in Zusammenhang steht, einem Kerngebiet des Gehirns, das für das emotionale Erleben eine wichtige Rolle spielt. Ebenso kommt es im Bereich sekundärer beziehungsweise komplexer erlernter Emotionen zu weitgehenden Veränderungen. Diese Emotionen erfordern ein weit ausgedehntes Netzwerk von Hirnregionen, zu dem auch die Amygdala, die Basalganglien und der frontale Kortex gehören. Wir werden im Folgenden sehen, wie die Aktivität dieser Hirnregionen mit der basalen Emotionsverarbeitung Jugendlicher in der Adoleszenz zusammenhängt, wie diese Jugendlichen emotional geprägte Entscheidungen treffen und wie sie Risiken einschätzen.

Das Erkennen primärer Emotionen

Die Fähigkeit, primäre Emotionen bei anderen zu erkennen, ist eine der wichtigsten Voraussetzungen der Kommunikation. Wir schließen auf diese Emotionen aus der Art, wie sich jemand bewegt oder spricht. Doch die wichtigste Erkenntnisquelle für derartige Emotionen ist sicherlich das Mienenspiel. Das Erkennen von Emotionen in den Gesichtszügen anderer vollzieht sich im Wesentlichen in drei Schritten: Zunächst nimmt man ein Gesicht wahr (man sieht jemanden auf der Straße), dann verknüpft man diese Gesichtszüge mit einer emotionalen Reaktion (etwa: diese Person ist furchterregend), und schließlich gibt man dieser Reaktion eine Richtung, die der Situation angemessen ist (entweder denkt man, dass der andere vielleicht nur einen schlechten Tag hat, einem aber nichts Böses will, oder man erinnert sich daran, dass man ihm übel mitgespielt hat, und mutmaßt, er ist nun wütend auf einen). Jeder dieser drei Schritte muss gelingen, damit wir die Emotionen aus den Gesichtszügen anderer richtig interpretieren können.

Bei emotionalen Gesichtsausdrücken unterscheiden wir in der Regel zwischen sechs verschiedenen Gefühlserlebnissen: Freude, Traurigkeit, Zorn, Furcht, Erstaunen und Ekel. Professor Paul Ekman hat ihre Wiedererkennbarkeit und ihre Wirkung eingehend erforscht. Seiner Auffassung nach sind diese Emotionen universell in allen Kulturen vertreten. Selbst wenn Kinder von Geburt an blind oder taub sind, nutzen sie sie, um über ihre Gefühle zu kommunizieren (zwar weniger exakt als andere Kinder, die sehen und hören können; dennoch sind ihnen all diese Emotionen vertraut).

Eine Reihe von Untersuchungen zur Fähigkeit Jugendlicher, Emotionen aus Gesichtszügen abzulesen, hat drei wesentliche Erkenntnisse zutage gefördert: Als Erstes wurde entdeckt, dass sich diese Fähigkeit auch noch im Alter zwischen zehn und achtzehn weiterentwickelt. Schon Siebenjährige können einige Emotionen, etwa Fröhlichkeit, sehr gut erkennen. Andere Emotionen, wie Zorn und Traurigkeit, mit denen sie in diesem Alter noch nicht so gut zurechtkommen, können sie erst mit etwa zehn Jahren identifizieren. Und erst in der Spätphase der Adoleszenz gelingt es Jugendlichen, die komplexesten Emotionen wie Erstaunen und Angst angemessen zu erfassen. Damit will ich nicht behaupten, dass Heranwachsende sehr komplexe Emotionen nicht kennen beziehungsweise überhaupt nicht erkennen können, sie verwechseln sie jedoch häufiger miteinander als Erwachsene. Sie deuten beispielsweise einen Gesichtsausdruck als erstaunt, obwohl der Person eigentlich Angst ins Gesicht geschrieben steht. Ein zweites wichtiges Forschungsergebnis ist, dass Jugendliche Emotionen besser erkennen, wenn sie dazu nicht ausschließlich auf den Gesichtsausdruck angewiesen sind, sondern auch die Körperhaltung als Informationsquelle nutzen können. Denn aufgrund dieser zusätzlichen Informationen sind sie in der Lage, das Bild der Situation zu vervollständigen.

Drittens hat sich herausgestellt, dass Frauen Emotionen aus Gesichtszügen in jeder Entwicklungsstufe (ob in der Kindheit, der Adoleszenz oder im Erwachsenenalter) besser erkennen können als Männer. Aus Patienten- und funktionellen Magnetresonanztomographie-Studien (fMRT-Studien) wissen wir, welche Hirnareale für diese Entwicklungsunterschiede verantwortlich sind.

Die Funktion der Amygdala

Ein amerikanischer Patient leidet unter einer sehr speziellen Krankheit. Er kann zwar Gesichter ausgezeichnet wahrnehmen, angeben, ob es sich bei der Person um einen Mann oder eine Frau handelt, und die Identität von Gesichtszügen wiedererkennen. Doch tut er sich ausgesprochen schwer damit, eine Emotion aus den Gesichtszügen herauszulesen. Die größten Schwierigkeiten hat er mit der Emotion Angst, aber auch Erstaunen und Zorn interpretiert er oft falsch. Wenn man ihn beim Blick in ein ängstliches Gesicht dazu drängt, sich auf eine Emotion festzulegen, entscheidet er sich ebenso oft für Freude wie für Enttäuschung; er kann die Emotion einfach nicht erfassen. Aufschlussreich an dieser Situation ist, dass dieser Patient zwar weiß, was Angst ist, denn er kann Angstsituationen schildern und kann angeben, unter welchen Umständen man sich fürchten sollte. Doch wenn er gebeten wird, ein ängstliches Gesicht zu zeichnen, muss er passen. Dieser Patient hat einen speziellen Defekt, er kann negative oder komplexe Emotionen nicht kategorisieren. Grund dafür ist die Schädigung eines Kerngebiets des Gehirns, der Amygdala, die für die Reaktion auf Emotionen entscheidend ist.

Die Amygdala ist eine mandelförmige subkortikale Struktur, sie liegt also sehr tief im Inneren des Gehirns. Sie gehört zum limbischen System, einer Gruppe von Strukturen im Gehirn, die für Emotion und Motivation bedeutsam sind. Wie am Beispiel des geschilderten Patienten deutlich wird, ist die Amygdala wichtig, um in Gesichtszügen Emotionen, besonders Angst, Zorn und Erstaunen, zu identifizieren. Sie ist also für die Verarbeitung negativer Emotionen zuständig, was möglicherweise mit der Bedeutung dieser Emotionen für unser Überleben zusammenhängt. Früher war es lebensentscheidend, in furchteinflößenden Situationen, etwa wenn man im Wald auf einen Bären oder eine Schlange traf, sofort mit Flucht oder Angriff zu reagieren. Es war existenziell, die Lage unmittelbar als äußerst gefährlich einzuschätzen und ohne großes Nachdenken zu handeln. Heute erleben wir ebenfalls solche Situationen, wenngleich unter anderen Vorzeichen, zum Beispiel, wenn wir eine Straße überqueren und plötzlich ein Auto in hohem Tempo heranrast. Auch dann ist es lebensnotwendig, sofort zu reagieren, und hier kommt nun die Amygdala ins Spiel.

Nach einem berühmten Modell von Joseph LeDoux werden emotionale Informationen im Gehirn auf zwei Wegen verarbeitet. Auf einer direkten Route gelangen sie unmittelbar nach ihrer Wahrnehmung zur Amygdala, die sie auf ihre emotionale Bedeutung hin auswertet. Eine zweite Route führt über den Kortex. Bestimmte emotionale Informationen werden also zunächst zum Kortex geleitet und dort interpretiert, bevor sie zur Amygdala weitergeleitet werden. Da diese Route etwas mehr Zeit in Anspruch nimmt, ist es wichtig, dass uns die direkte Route unmittelbar auf eine Reaktion vorbereitet (denn wenn plötzlich ein Auto auf uns zubraust und wir fast überfahren werden, bleibt nicht viel Zeit zum Nachdenken). Die kurze Route löst also die sogenannte Fight-or-flight-Reaktion aus: Wir greifen an, oder wir flüchten. Unser Herzschlag beschleunigt sich, die Muskeln spannen sich an, mit einem Schlag werden wir in Aktionsbereitschaft versetzt. Bei dieser Art der Informationsverarbeitung auf zwei unterschiedlichen

Wegen kann es passieren, dass die schnelle Reaktion durch die rationale Interpretation auf der langsamen Route korrigiert wird. Stellen Sie sich vor, Sie sehen eine Schlange vor sich. Der Anblick löst bei Ihnen unmittelbar eine Reaktion aus, die Ihren Herzschlag beschleunigt und Sie in Alarmbereitschaft versetzt, um loszurennen. Bis Sie erkennen, dass es sich in Wahrheit nur um einen Gartenschlauch handelt, und das rationale System Ihnen signalisiert, dass Sie sich keine Sorgen zu machen brauchen. Für eine erste Interpretation wird die schnelle Route aktiviert, die langsame rationale Route korrigiert jedoch die Reaktion im Nachhinein mit Hilfe zusätzlicher Informationen (du stehst im Garten, hier kann also möglicherweise ein Gartenschlauch liegen, Schlangen gibt es in dieser Gegend nicht), die vom Kortex verarbeitet werden.

Die Amygdala reagiert nicht nur auf Gesichter. In Laborexperimenten erklärte man gesunden Testpersonen, dass sie einen elektrischen Schlag bekommen könnten, wenn auf dem Bildschirm ein blaues Rechteck zu sehen ist. Obwohl sie tatsächlich nie einen Schlag bekamen, war bei ihnen eine stärkere Aktivität in der Amygdala erkennbar, sobald ein blaues Rechteck auftauchte. Die Amygdala reagiert im Allgemeinen also sogar dann auf emotional bedeutsame Informationen, wenn diese lediglich in Instruktionen enthalten sind. Wenn also jemand zu Ihnen sagt: »Pass auf, der Hund beißt vielleicht«, wird Ihre Amygdala aktiv, selbst wenn der Hund noch gar nichts getan hat.

Amygdala, Gesichter und Adoleszenz

In einigen Untersuchungen hat man zu analysieren versucht, wie die Amygdala in verschiedenen Stadien der Entwicklung auf emotionale Gesichtsausdrücke reagiert. In diesen Studien nutzte man fMRT und zeigte Jugendlichen eine Bildauswahl von neutralen, positiven und negativen Gesichtsausdrücken. Sie hatten nichts anderes zu tun, als sich die Bilder anzuschauen. Die Studien ergaben, dass die Amygdala bei Jugendlichen auf zornige und ängstliche Mienen genauso reagiert wie bei Erwachsenen. Sobald ein ängstlicher Gesichtsausdruck zu sehen war, wurde die Amygdala aktiv. Zwei Beobachtungen sorgten jedoch für Erstaunen. Zunächst einmal wurde die Amygdala von Jugendlichen in der Frühphase der Adoleszenz (zwischen zehn und zwölf) auch dann aktiv, wenn man ihnen Bilder mit neutralen Gesichtszügen vorlegte. Das war ein unerwartetes Ergebnis, über dessen mögliche Bedeutung Forscher lange spekulierten. Eine Erklärung könnte sein, dass ein neutrales Mienenspiel immer eine starke Ambiguität in sich birgt. Die Bedeutung eines fröhlichen oder eines ängstlichen Gesichtsausdrucks erfasst man sofort, doch eine neutrale Miene kann alles Mögliche signalisieren. Zum Beispiel bemühen sich Eltern oft um einen neutralen Gesichtsausdruck, wenn sie sich über ihre Kinder ärgern. Daher kamen die Forscher zu dem Schluss, dass die Amygdala bei Jugendlichen in der Frühphase der Adoleszenz stärker aktiv ist, wenn sie mit Gesichtszügen konfrontiert werden, die sie nicht richtig einschätzen können. Möglicherweise nehmen sie diese Unsicherheit auch als eine negative Situation wahr.

Die zweite wichtige Beobachtung war die unterschiedliche Aktivität der Amygdala bei Mädchen und Jungen.

Mädchen reagieren in der Frühphase der Adoleszenz stärker auf negative Gesichtszüge als in der Spätphase. Bei Mädchen ist die Amygdala in der Pubertät also hypersensibel, während ihre Sensibilität später nachlässt. Bei Jungen lässt sich diese Hypersensibilität der Amygdala hingegen während der gesamten Adoleszenz beobachten. Das könnte darauf zurückzuführen sein, dass Mädchen etwas eher erwachsen werden als Jungen, ihr emotionales System also früher reift.

Obwohl einiges für diese Annahme spricht, ist sie nicht zwingend. Denn bei negativen Gesichtsausdrücken zeigen sich auch bei erwachsenen Männern und Frauen Reaktionsunterschiede der Amygdala: Bei Männern ist die Aktivität stärker. Interessanterweise nimmt bei Mädchen im Lauf ihrer Entwicklung die Aktivität im frontalen Kortex bei der Betrachtung negativer Gesichtszüge zu. Was bedeuten könnte, dass es Mädchen besser gelingt, negative Gesichtsausdrücke in einen angemessenen Kontext einzuordnen, und sie daher ihre emotionalen Reaktionen besser unter Kontrolle haben. Dieser Argumentation nach wäre Susanne nicht so wütend wie Sam, wenn sich ihre Klassenkameraden ihre Tasche schnappen würden. Bei beiden würde die Amygdala aktiv, wenn sie mitansehen müssten, wie ihre Tasche durch die Klasse gefeuert wird, alle Bücher herausfallen und sich ihre Mitschüler darüber vor Lachen ausschütten – das würde die Amygdala gewaltig anfachen. Doch Susanne würde auch bedenken, dass das alles vielleicht nur ein blöder Scherz ist und jeder mal von den andern aufgezogen wird. Sie würde denken, dass es wenig Sinn hat, jetzt wutentbrannt zu reagieren, weil ihre Klassenkameraden sich sonst bei der nächsten Gelegenheit wieder einen Jux daraus machen würden. In dieser Situation sorgt ihr frontaler Kortex dafür, dass sie die anfangs auflodernden Emotionen ein wenig besänftigen kann. Die Amygdala wird so gewissermaßen in Schach gehalten. Sam, dessen frontaler Kortex sich nicht so ins Zeug legt, steckt dagegen schon mitten in einer Rauferei, bevor er an deren mögliche Folgen auch nur einen Gedanken verschwendet hat. Bei ihm siegt die emotionale Amygdala über den kontrollierenden frontalen Kortex.

Komplexe Emotionen: Komplexe Gehirnsysteme

Susanne ist gestern zu einer Party eingeladen worden und ist schon voller Vorfreude darauf. Alle ihre Freunde und Freundinnen werden kommen, das wird ein großes Happening. Sie hat sich extra ein neues Outfit dafür besorgt. Auf der Party wird Susanne auch ihre Freundin wiedersehen, die sie sehr vermisst hat, seit sie nach Limburg umgezogen ist. Heute Morgen erhielt sie jedoch einen überraschenden Anruf. Ihr Cousin war auf der Treppe unglücklich gestürzt und kam gerade mit einem verstauchten Handgelenk aus der Ambulanz. Da er nun etwas gehandicapt war, fragte er Susanne, ob sie am Abend für ihn kochen könnte. Er ist ihr Lieblingscousin und ist immer für sie da, wenn sie ihn braucht. Susanne möchte ihm helfen, doch das würde bedeuten, dass sie nicht zu der Party gehen kann …

Was soll Susanne in einer solchen Situation tun? Alle möglichen Emotionen bewegen sie. Einerseits möchte sie so gern zu der Party gehen, daher überlegt sie, ob sie ihrem Cousin nicht sagen könnte, dass sie eine dringende Verabredung habe. Andererseits plagt sie bei der Vorstellung, ihrem Cousin nicht beizustehen, ein schlechtes Gewissen. Denn er hat ihr kürzlich erst sehr geholfen und sie mit dem Auto abgeholt, als sie mit einem platten Fahrradreifen am Straßenrand stand. Hatte er dafür nicht sogar ein Fußballspiel absagen müssen?

Im Alltag werden wir oft mit solchen komplexen emotionalen Entscheidungen konfrontiert. Doch fällt es uns dabei in der Regel recht leicht, eine schnelle Wahl zu treffen. Eigentlich kann man solchen Entscheidungen keine Kosten-Nutzen-Analyse zugrunde legen. Wir erstellen nicht bei jeder Entscheidung eine Liste der Vor- und Nachteile, um sie dann gegeneinander abzuwägen. Denn zum einen würde das viel zu viel Zeit kosten, zum anderen wäre es schwierig, das jeweilige Gewicht der Vor- und Nachteile miteinander zu vergleichen. Aber wie kommen wir denn sonst zu Entscheidungen? Nach Ansicht des bekannten Neuropsychologen Antonio Damasio nutzen wir dafür unsere Gefühle, zum Beispiel unser Bauchgefühl. Nach Damasio ist unser Hirn so konstruiert, dass wir bei einer schwierigen Entscheidung ein Gefühl dafür entwickeln, was richtig oder falsch ist. So könnte es sein, dass Susanne bei dem Gedanken an die Party ein Gefühl der Begeisterung empfindet, während sie bei dem Gedanken, ihren Cousin im Stich zu lassen, ein ungutes Gefühl beschleicht. Eines dieser Gefühle kann nun über das andere die Oberhand gewinnen. Gefühle ermöglichen es uns, kurz- und langfristige Entscheidungen gegeneinander abzuwägen (kurzfristig: schöne Party, langfristig: Aufrechterhaltung der guten Beziehung zu ihrem Cousin, wenn sie die Party sausen lässt). Hier werden die großen Veränderungen, die sich in der Adoleszenz ergeben, ganz deutlich: Das Gefühl dafür, was auf lange Sicht besser ist, entwickelt sich erst spät.

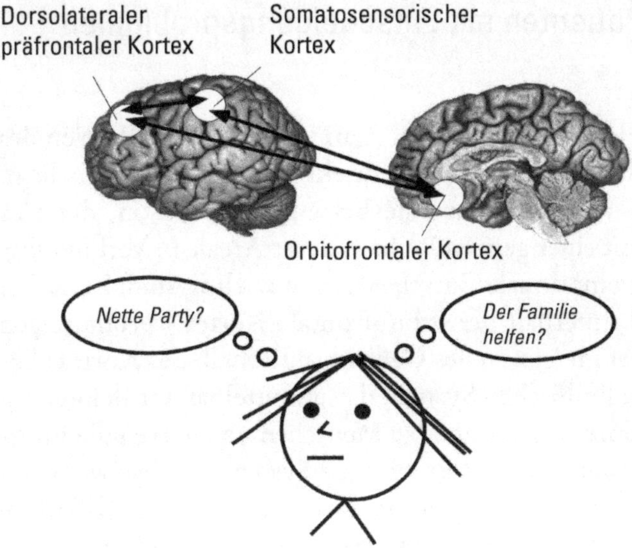

Der dorsolaterale frontale, der orbitofrontale und der somatosensorische Kortex arbeiten zusammen, wenn kurz- und langfristige Folgen gegeneinander abgewogen werden.

Studien zeigen, dass dies mit der Entwicklung eines Gehirnsystems zusammenhängt, das bestimmte Gefühle mit kurzfristigen oder langfristigen Folgen verknüpft. Eine solche Vorstellung von Gefühlen hört sich vielleicht kompliziert an, lässt sich jedoch anhand aktueller neurologischer Erkenntnisse, die durch das Werk Antonio Damasios und seines Forscherteams ans Licht gebracht wurden, sehr einfach erklären. Zur Verdeutlichung widmen wir uns zunächst der Forschung an Patienten mit einer Schädigung des orbitofrontalen Kortex, eines speziellen Areals im Gehirn, das für die Verknüpfung von Gefühlen und Handlungen offenbar von entscheidender Bedeutung ist.

Patienten mit Entscheidungsproblemen

Der orbitofrontale Kortex nimmt den unteren Bereich des frontalen Kortex ein, der direkt hinter den Augen liegt. Dieses Hirnareal hat eine besondere Funktion, denn es steht mit einer ganzen Reihe anderer Areale in Verbindung, die für emotionale Entscheidungen wichtig sind. Zunächst einmal unterhält der orbitofrontale Kortex Verbindungen zum tief im Innern des Gehirns (unterhalb des Kortex) liegenden limbischen System, das unmittelbar auf Belohnung und Strafe reagiert und bei Menschen und Tieren die Emotionen steuert. Vom limbischen System werden wir noch mehr hören, wenn später in diesem Kapitel das Risikoverhalten zur Sprache kommt. Neben den Verbindungen zum limbischen System laufen vom orbitofrontalen Kortex auch Verbindungen zum somatosensorischen Kortex, in dem unser Körper repräsentiert wird, etwa das Gefühl, das wir in Beinen, Bauch oder Brust haben, sowie zum lateralen frontalen Kortex (der in Kapitel 2 ausführlich zur Sprache gekommen ist), einer Hirnregion, die wichtig ist, um zu planen und sich Entscheidungen einzuprägen. Der orbitofrontale Kortex nimmt beim Abwägen emotionaler Entscheidungen also eine einzigartige Position ein, denn in ihm begegnen sich Emotionen, körperliche Empfindungen und Planungsfähigkeiten. Untersuchungen bei Patienten mit einer Schädigung des orbitofrontalen Kortex bestätigen die fundamentale Bedeutung dieser Hirnregion für unsere Entscheidungsfähigkeit. Um das bekannteste Beispiel einer solchen Schädigung zu erläutern, müssen wir bis zum 13. September 1848 zurückgehen, zum Fall von Phineas Gage.

Phineas Gage war Bauleiter in Vermont und arbeitete am Ausbau einer Bahnstrecke mit. Er war Chef eines

Teams von Eisenbahnarbeitern und hatte daher einen verantwortungsvollen Posten, den er gut ausfüllte. Er galt als zuverlässiger Mann, war ruhig, freundlich und kam mit seinen Arbeitern gut aus. Beim Bau einer neuen Trasse ereignete sich jedoch ein schreckliches Unglück: Bei einer Explosion schoss eine große Eisenstange mit gewaltiger Geschwindigkeit durch die Luft und durchbohrte Gages Stirn. Die Stange drang am linken Wangenknochen in seinen Schädel ein und am Scheitel wieder aus. Die Umstehenden waren wie vom Donner gerührt und dachten, das sei Gages Ende. Doch zu ihrer großen Überraschung war Gage nur kurze Zeit bewusstlos und kam bald wieder zu sich. Er wusste, wo er war, konnte seinen Namen nennen und bewegte sich normal, obwohl ein großer Teil seiner linken Hirnhälfte zerstört war. Man brachte ihn sofort zu einem Arzt, der die Wunde versorgte. Nach zehn Wochen kehrte Gage in seine Heimatstadt zurück. Schon einige Monate später fühlte er sich gesund genug, seine Arbeit in Vermont wieder aufzunehmen. War der vordere Teil seines Gehirns denn entbehrlich? Wie sich zeigen sollte, war er das nicht.

Obwohl Gage seiner Arbeit physisch wieder gewachsen war, wollten seine Arbeitgeber ihn nicht wieder einstellen. Denn während er früher als umgänglicher Mann gegolten hatte, der besonnene Entscheidungen traf, war er nun schnell reizbar, aggressiv, impulsiv und unzuverlässig. Mit Gage war etwas Seltsames geschehen; seine Gehirnverletzung hatte seine *Persönlichkeit* verändert. Soweit bekannt ist, arbeitete er nie wieder in leitender Position und konnte keine feste Stelle lange halten. Nachdem er sich mehrfach in Zirkusmanegen verdingt hatte, zog er 1859, als es mit ihm gesundheitlich bergab ging, wieder zu seiner Mutter. 1860 starb Phineas Gage. Sein Gehirn wurde nach seinem

Tod nicht untersucht. Doch 1867 examinierte Dr. Harlow, der Arzt, der ihn nach dem Unglück versorgt hatte, Gages Schädel und dokumentierte Ausmaß und Position der Hirnverletzung. Er stiftete den Schädel und die Eisenstange schließlich der Krankenhausbibliothek von Harvard, wo sie heute noch zu sehen sind.

Gages Hirnverletzung war gravierend. Wie Dr. Harlow und ein Kollege schon 1848 und 1867 dokumentiert hatten, betraf sie einen großen Teil des frontalen Kortex und des umliegenden Schädels. 1994 untersuchten Antonio und Hanna Damasio diese Schädigung mit fortschrittlicheren Methoden und wiesen nach, dass damals vor allem der orbitofrontale Kortex verletzt worden war. Und tatsächlich führt die Schädigung dieses Areals im Grenzbereich zwischen Emotion und Kognition zu einer Persönlichkeitsveränderung.

Erst seit einigen Jahren hat man für diese Verhaltensänderung wirklich eine Erklärung. Bei seiner Arbeit als Neuropsychologe begegnete Antonio Damasio zwar häufiger Patienten mit einer Schädigung des orbitofrontalen Kortex, doch es gelang ihm nie recht, ihre Probleme in einem Test zu erfassen. Diese Patienten hatten weder Schwierigkeiten mit Gedächtnistests noch welche mit der Motorik oder der Sprachverarbeitung. Ihre Intelligenz blieb von ihrem Leiden unberührt, und sie konnten mühelos abstrakte Probleme lösen. Dennoch hatten sie, ebenso wie Gage, große Probleme im Alltag. Nach ihrer Hirnverletzung wandelten sie sich zu Menschen, die riskant und impulsiv agierten; sie hatten oft Schwierigkeiten, eine Stelle zu halten oder eine Ehe zu führen. Ihr Verhalten wurde immer wieder als »kindisch« beschrieben, da sie Entscheidungen trafen, die zwar kurzfristig sehr erfolgreich, langfristig jedoch nicht durchdacht waren.

Damasio vermutete, dass sich das Verhalten dieser Patienten an kurzfristiger Befriedigung orientierte und sie nicht dazu in der Lage waren, vorausschauend zu handeln. Und zwar nicht deshalb, weil sie die Situation nicht verstanden, sondern weil sie nicht *fühlten*, was die richtige Entscheidung wäre. Damasio entwickelte eine Theorie, die er »Hypothese der somatischen Marker« nannte. Dieser Theorie nach treffen wir im Alltag ständig komplexe Entscheidungen, ohne jedes Mal alle Vor- und Nachteile abwägen zu können. Unser System ist so effizient, dass wir im Bruchteil von Sekunden richtig entscheiden können. Derartige Entscheidungen fallen oft aufgrund eines Gefühls, das uns sagt, ob unser Handeln richtig oder falsch ist. Dabei beeinflusst eine früher erlebte Situation, die mit einem angenehmen oder unangenehmen Gefühl »markiert« wurde, nun die neue Situation. Wenn man sich beispielsweise im vergangenen Monat mit einem Kollegen oder Klassenkameraden gestritten hatte und sich aus diesem Grund damals schlecht fühlte, blieb von dieser Situation ein unangenehmes Gefühl zurück. Vielleicht klopfte damals das Herz etwas schneller und vielleicht geriet man ins Schwitzen, weil heikle Dinge angesprochen wurden. Wenn man später in einer anderen Situation an diese Person oder diese Situation zurückdenkt, kann es passieren, dass sich Herzschlag und Transpiration erneut verändern. Diese Verbindungen zwischen einer Situation und dem sie begleitenden Gefühl können im Gehirn sehr schnell geknüpft werden. Wenn eine Entscheidung ansteht, für die wir verschiedene Alternativen abwägen müssen, werden alle diese Verbindungen aktiv, und wir folgen dem Gefühl, das hierbei die Oberhand gewinnt. Daher ist es wichtig, auf sein Gefühl zu vertrauen, um gute Entscheidungen zu treffen.

Glücksspiel im Labor

Im Labor versuchen wir, die komplexen Entscheidungssituationen, in denen wir uns als Menschen ständig befinden, mit Hilfe eines Kartenspiels nachzuahmen. In diesem Spiel sollen die Teilnehmer lernen, mit welchem Kartenstapel sich am meisten Geld verdienen lässt. Vier Kartenstapel, A, B, C und D, werden aufgelegt. Wenn der Teilnehmer eine Karte von Stapel A oder Stapel B zieht, erhält er hundert Dollar; wenn er eine Karte von Stapel C oder D zieht, nur fünfzig Dollar. Zunächst scheint es daher günstiger, eine Karte von Stapel A oder B zu wählen, denn sie bringt mehr Geld ein. Manchmal wird der Teilnehmer jedoch nicht belohnt, sondern muss Geld abgeben. Das passiert nicht ständig, aber hin und wieder, wobei sich die Höhe der Einbuße jedes Mal ändert. Es ist daher sehr schwer zu entscheiden, welche Stapel man am besten wählt. Wenn ein Teilnehmer sich immer wieder für die gleichen Stapel entscheidet, sind die Stapel A und B letzten Endes unrentabel, weil hier die Verluste höher sind als die Belohnung. Stapel C und D sind letztlich einträglicher, denn hier sind die Verluste niedriger als die Belohnung. In diesem Spiel sollen die Teilnehmer also lernen, dass kurzfristig vorteilhafte Entscheidungen (A und B) langfristig unrentabel sind.

Wenn gesunde Erwachsene diese Aufgabe bearbeiten, lernen sie während des Spiels, die Strategie zu wechseln, sie schalten von der Entscheidung für A und B zu der Entscheidung für C und D um. Interessanterweise heben sie schon von den richtigen Kartenstapeln ab, bevor sie aufgrund ihrer Erfahrungen während des Spiels erkennen können, welche Entscheidung langfristig günstiger ist. Es hat den Anschein, als rate ihnen ihr Gefühl zu der vorteil-

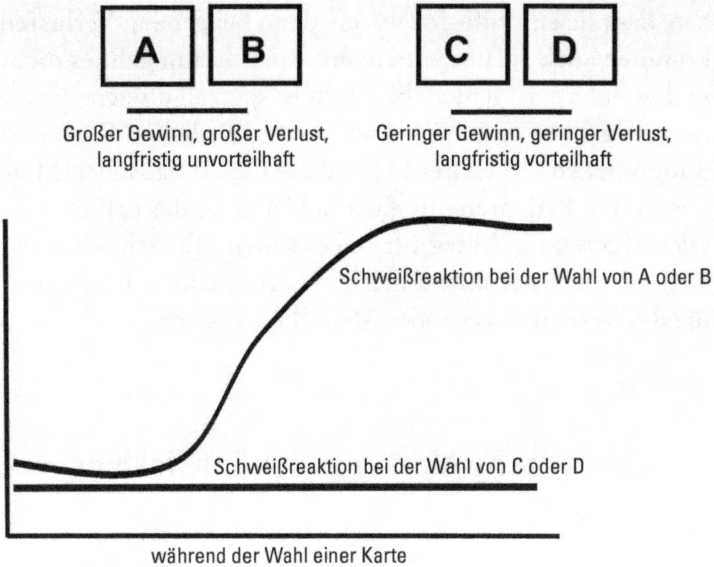

*Während des Glückspiels im Kartenexperiment beginnen gesunde Erwachsene vor der Entscheidung für einen riskanten Kartenstapel zu schwitzen. Nach Bechara u. a. (*Science, *1997)*

hafteren Entscheidung. Das zeigt sich auch an den Veränderungen ihrer körperlichen Reaktionen. Wählen sie bei einer Aufgabe die riskanten Stapel A und B, transpirieren sie stärker, während diese Reaktion bei der Wahl von Stapel C oder D ausbleibt. Der Körper zeigt mit dieser Schweißreaktion gewissermaßen, dass diese Stapel gefährlich sind. Wenn Patienten mit einer Schädigung des orbitofrontalen Kortex diese Aufgabe bearbeiten, verharren sie bei ihrer Entscheidung für Stapel A und B; sie lernen nicht, zu den langfristig günstigeren Stapeln überzugehen. Vor der Entscheidung für die riskanten Stapel tritt bei ihnen keine Schweißreaktion auf. Dennoch kann man nicht sagen, dass sie emotionslos wären, denn bei großen Verlusten kommen auch sie ins Schwitzen. Aber darum geht es nicht in diesen Experimenten, hier geht es speziell um jene Emotionen, die vor einer riskanten und gefährlichen Entscheidung warnen. Nach der Hypothese der somatischen Marker treffen Patienten mit einer Schädigung des orbitofrontalen Kortex im Alltag oft unbesonnene Entscheidungen, weil sie nicht die körperlichen Warnsignale wahrnehmen, die das Verhalten gesunder Menschen steuern.

Somatische Marker in der Entwicklung

In der Adoleszenz spielen Gefühle und Emotionen eine bedeutende Rolle. Doch es ist fraglich, ob Teenager sie immer vorheilhaft für ihre Entscheidungen nutzen. Denn für Jugendliche in der Adoleszenz ist es typisch, dass sie oft kurzsichtige Entscheidungen treffen. Forscher haben herauszufinden versucht, ob dies mit Veränderungen der somatischen Signale in Zusammenhang stehen könnte. Sie kamen zu dem Ergebnis, dass gerade das Nichtwirken somatischer Marker für die Entscheidungen Jugendlicher kennzeichnend ist. Die Entwicklung somatischer Marker ist ein komplexer Prozess, und Veränderungen der Marker sind noch bis zu einem Alter von achtzehn Jahren nachweisbar. Studien haben gezeigt, dass bei Jugendlichen zwischen sechzehn und achtzehn zwar erste Anzeichen für somatische Marker festzustellen sind, diese aber noch weniger wirksam sind als bei Erwachsenen. Offensichtlich durchlaufen die für somatische Marker verantwortlichen Hirnregionen einen langsamen Reifeprozess.

In Untersuchungen unseres eigenen Labors stellten wir Probanden im Alter zwischen sechs und fünfundzwanzig am Computer eine Entscheidungsaufgabe, die auf dem eben beschriebenen Kartenspiel basierte. Die Form der Aufgabe hatten wir so abgeändert, dass sie auch für die jüngsten Kinder gut verständlich war. Die Teilnehmer sollten Äpfel für ein hungriges Eselchen sammeln. Je mehr Äpfel sie am Ende des Experiments übrig hatten, desto mehr Punkte erhielten sie. Sie konnten die Äpfel gewinnen, indem sie zwischen vier nebeneinanderliegenden Türen auf dem Bildschirm wählten. Wenn sie ihre Wahl getroffen hatten und sich die Tür öffnete, konnten sie sehen, wie viele Äpfel sie gewonnen oder verloren hatten. Auch hier konnte man bei Tür A und B viel gewinnen, doch hin und wieder eine größere Menge Äpfel verlieren, so dass diese Türen langfristig nicht gewinnbringend waren. Die Türen C und D brachten zwar einen geringeren Gewinn, doch zugleich geringere Verluste, so dass diese Türen letztendlich am einträglichsten waren.

Kinder zwischen sechs und zehn Jahren wählten vorwiegend die Türen A und B; sie entschieden sich also ausschließlich für den kurzfristigen Gewinn und hatten keinen Blick für die langfristigen Folgen. In dieser Hinsicht gleichen ihre Entscheidungsmuster denen von Patienten mit einer Schädigung des orbitofrontalen Kortex. In der Adoleszenz, wenn Jugendliche lernen, weitsichtige Entscheidungen zu treffen, verändert sich dieses Entscheidungsmuster. Aber selbst bei Sechzehn- bis Achtzehnjähren orientiert es sich noch nicht in gleichem Maß an langfristigen Konsequenzen wie bei Erwachsenen zwischen zwanzig und fünfundzwanzig. Für Teenager ist es also noch schwierig, die langfristigen Folgen ihres Handels zu überblicken. Die Chance auf schnellen Profit hat bei ihnen Vorrang vor der sicheren Entscheidung.

Um zu erforschen, ob ein Zusammenhang zwischen dieser Entwicklung und den Veränderungen der körperlichen Signale besteht, maßen wir bei den Teilnehmern auch die Schweißreaktion und die Änderung der Herzschlagfrequenz. Mit welchem Ergebnis? Erst bei Sechzehnjährigen fand sich ein erster Hinweis auf ein Warnsignal vor einer riskanten Entscheidung, doch war es in dieser Altersgruppe weniger deutlich ausgeprägt als bei den Zwanzig- bis Fünfundzwanzigjährigen. Bei großen Verlusten waren hingegen sogar bei den jüngsten Teilnehmern eine Schweißreaktion und ein schnellerer Herzschlag festzustellen. Sie empfanden es also (ebenso wie Patienten mit einer Schädigung des orbitofrontalen Kortex) durchaus als unangenehm zu verlieren, waren aber nicht in der Lage, ein voraussichtlich ungünstiges Ergebnis zu antizipieren. Die Warnsignale stecken gleichsam noch in den Kinderschuhen, daher kommt es manchmal zu undurchdachten Entscheidungen. Wohl können Jugendliche rational mitunter hervorragend zwischen gefährlichen und harmlosen Situationen unterscheiden, ihnen fehlt aber das *Gefühl* dafür. Wenn Susanne sich also für die Party entscheidet, statt ihrem Cousin zu helfen, ist ihr höchstwahrscheinlich zwar bewusst, dass das nicht besonders nett ist, aber das ungute Gefühl, ihren Cousin zu enttäuschen, gewinnt nicht die Oberhand über ihre Begeisterung für die bevorstehende Party.

Risiken und gefährliche Entscheidungen: Ein hyperaktives Emotionssystem

Schon in den ersten Beschreibungen der Adoleszenz galt riskantes Verhalten als das auffälligste Merkmal dieser Phase. Jugendliche tun in dieser Zeit Dinge – wie auf dem Geländer einer Brücke Skateboard fahren oder ihr Moped frisieren –, die die (meisten) Erwachsenen nie tun würden. Aus Fragebogenuntersuchungen geht hervor, dass Jugendliche in der Adoleszenz ein größeres Bedürfnis nach Abenteuern haben als Kinder, dass sie gefährliche Situationen jedoch nicht gut einschätzen können. Wie ist es nur möglich, dass sie Risikosituationen so anders erleben als Erwachsene?

Zunächst sollte man sich vor Augen führen, dass Jugendliche nicht alle Risikosituationen anders beurteilen als Erwachsene. Wenn man ihnen ein Gefäß zeigt, das vier rote und zwei blaue Bälle enthält, und sie bittet zu raten, welcher Ball daraus gezogen wird, können sie die jeweiligen Gewinnchancen problemlos einschätzen. Wenn man ihnen nun aber sagt, dass sie mit dem blauen Ball fünf Punkte und mit dem roten Ball einen Punkt gewinnen können, werden sie etwas häufiger auf den blauen Ball setzen. Doch unterscheiden sie sich damit nicht von Erwachsenen, denn diese verhalten sich hierbei nicht anders. Rational können Jugendliche eine solche Situation also gut beurteilen. Worin sie sich jedoch von Erwachsenen unterscheiden, ist ihr emotionales Empfinden, sobald ihnen eine Belohnung in Aussicht gestellt wird oder sich tatsächlich ein Gewinn oder Verlust ergibt. Um besser zu verstehen, warum das so ist, wenden wir uns einer weiteren Struktur des Gehirns zu, die bereits kurz zur Sprache gekommen ist: den sub-

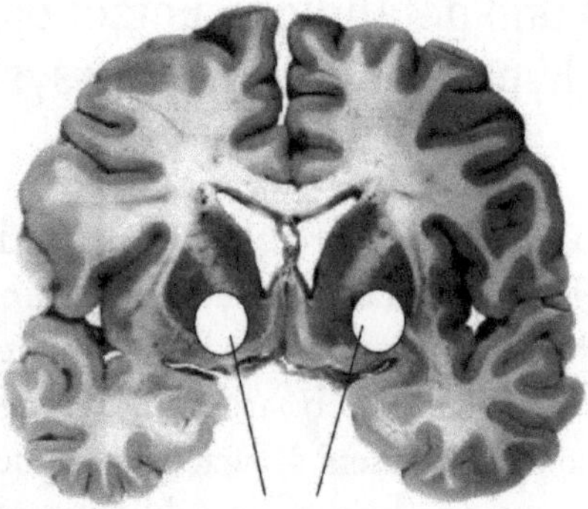

Abbildung des Nucleus accumbens, des Vergnügungszentrums des Gehirns (Vorderansicht).

kortikalen (im Innern des Gehirns gelegenen) Basalganglien und dem darin enthaltenen Belohnungszentrum: dem Nucleus accumbens.

Die Rolle der Basalganglien beim Gewinnen und Verlieren

Die Basalganglien bestehen aus einer Ansammlung von Kernen tief im Innern des Gehirns. Sie sind vor allem ins Blickfeld geraten, weil sie beim Initiieren von Bewegung eine entscheidende Rolle spielen. Doch darin liegt sicherlich nicht ihre einzige Bedeutung. Diese Hirnkerne unterhalten wichtige Verbindungen zum frontalen Kortex und zu Hirnregionen, die für die Emotionsverarbeitung zuständig sind. Ein spezieller Teil der Basalganglien, der Nucleus accumbens (das bedeutet wörtlich: anliegender Kern), steht durch zahlreiche Bahnen mit den emotionalen Arealen im frontalen Kortex in Kontakt. Der Nucleus accumbens wird oft als das Vergnügungszentrum des Gehirns bezeichnet, weil er für Belohnung so empfänglich ist. Das wissen wir aus den folgenden Experimenten: Wenn man bei einer Ratte eine Elektrode in diesem Hirnareal anbringt, so dass sie dieses Areal selbst stimulieren kann, wird die Ratte dies in zunehmendem Maß tun und diese Selbststimulation sogar ihrem Futter vorziehen. Denn in diesem Hirnareal wird eine bestimmte Substanz (Dopamin) produziert, die ein wohliges Gefühl erzeugt. Ein weiterer Grund, aus dem der Nucleus accumbens als das Vergnügungszentrum des Gehirns gilt, liegt in seiner zentralen Bedeutung für das Suchtverhalten. Man geht davon aus, dass diese Region stark auf Suchtmittel wie Kokain anspricht, und sieht einen Zusammenhang zwischen einem mehr oder weniger gut funktionierenden Nucleus accumbens und einer größeren oder geringeren Suchtanfälligkeit.

Verschiedene Untersuchungen haben gezeigt, dass dieses Areal bei gesunden Erwachsenen sehr sensibel auf Belohnung reagiert. Doch der Nucleus accumbens wird nicht erst von einer Belohnung aktiviert, ihm genügt schon die Möglichkeit oder die Aussicht auf eine Belohnung. In einer amerikanischen Studie hatte man die Teilnehmer gebeten, immer dann auf einen Knopf zu drücken, wenn ein kleiner Pirat auf dem Bildschirm zu sehen war. Einige Sekunden später zeigte man den Teilnehmern eine Belohnung. Es gab drei unterschiedliche Piratentypen, von denen – wie man bei der Bearbeitung der Aufgabe leicht erkennen konnte – die Höhe der Belohnung abhing. Dem Piraten mit dem Schwert folgte immer eine kleine Belohnung, demjenigen mit dem Dolch eine große und dem dritten Piraten eine mittelgroße. Die Analyse der Hirnaktivität bei den Teilnehmern ergab, dass schon der Anblick des Piraten, der eine große Belohnung versprach, die Aktivität im Nucleus accumbens steigerte. Dieses Resultat macht deutlich, dass der Nucleus accumbens bereits auf die *Erwartung* einer Belohnung reagiert. Darin liegt die große Bedeutung dieses Areals für die Risikoeinschätzung, bei der eine in Aussicht gestellte Belohnung die Analyse möglicher Gefahren zuweilen in den Hintergrund drängt.

In Situationen, in denen Gewinn, Belohnung oder Risiko eine große Rolle spielen, arbeitet der Nucleus accumbens mit dem frontalen Kortex zusammen. Wie wir gesehen haben, spricht der Nucleus accumbens bereits stark auf Umgebungsreize, die eine Belohnung repräsentieren, an, bevor es zu einer aktiven Reaktion darauf kommt. Das Kontrollsystem, das die Reaktion auf diese emotionalen Reize steuert, ist der frontale Kortex. Wie aus den erwähnten Studien des Neuropsychologen Damasio hervorgeht, spielt bei Reaktionen auf Belohnungsreize vor allem der orbitofrontale Kortex eine wichtige Rolle. Darüber hinaus sind für die Einschätzung von Risiken die lateralen frontalen Hirnregionen bedeutsam. Denn sie ermöglichen es, langfristige Ziele im Blick zu behalten. Wenn man sich zum Beispiel zwischen einer sofortigen, unmittelbar eintretenden Belohnung und einer langfristig größeren Belohnung entscheiden muss, werden bei einer Entscheidung für die sofortige Belohnung die emotionsrelevanten Hirnareale aktiv, bei der Entscheidung für die langfristige Alternative hingegen die Areale des lateralen frontalen Kortex. Vermutlich weil der laterale frontale Kortex bei riskanten Entscheidungen den rationalen Part übernimmt; er befähigt uns dazu, Alternativen gegeneinander abzuwägen, und lenkt den Blick eben auf eine langfristige Perspektive.

Die Adoleszenz ist von Veränderungen geprägt, die eine neue Art der Zusammenarbeit zwischen emotionalen und rationalen Hirnregionen bewirken. Das kann zur Folge haben, dass der rationale Bereich gelegentlich gegenüber dem emotionalen Bereich ins Hintertreffen gerät und dieser die dominante Rolle einnimmt. Im Gegensatz zum rationalen frontalen Kortex reagieren der emotionale Nucleus accumbens und die Amygdala sehr sensibel auf hormonelle Veränderungen. Beispielsweise hat die Ausschüttung des weiblichen Hormons Östrogen Auswirkungen auf die Sensibilität der Amygdala, was auch in einer veränderten Sensibilität für emotionale Situationen zum Ausdruck kommt. Je nachdem, in welcher Phase des menstrualen Zyklus sich eine Frau befindet, beurteilt sie zum Beispiel die gleichen männlichen Gesichter als mehr oder weniger attraktiv. Es dürfte daher klar auf der Hand liegen, dass die emotionalen Hirnareale vom Einsetzen der Pubertät stark beeinflusst werden.

Bei Kindern, bei denen die Pubertät noch nicht eingesetzt hat, arbeitet der frontale Kortex nicht so gut wie bei Jugendlichen, doch verhalten sich die emotionalen Hirnregionen (die Amygdala und der Nucleus accumbens) ebenfalls ruhig. Daher neigen Kinder nicht so sehr dazu, sich in Risikosituationen zu begeben, und orientieren sich in ihrem Verhalten noch stärker an ihren Eltern. Mit dem Einsetzen der Pubertät gerät dieses System ins Wanken. Die emotionalen Hirnregionen werden – unter dem Einfluss zunehmender hormoneller Veränderungen – besonders stark stimuliert und überaus sensibel. Unterdessen ist der regulierende frontale Kortex längst nicht ausgereift. Das emotionale System ist also hypersensibel, das regulierende

System aber nicht in der Lage, diese Sensibilität unter Kontrolle zu halten. Erst im Erwachsenenalter gelingt es uns, diese beiden Systeme gut aufeinander abzustimmen.

Hyperaktive Emotionssysteme in der Adoleszenz

Forscher haben die Balance zwischen Emotions- und Kontrollsystemen im Gehirn unter Laborbedingungen eingehender untersucht. In der ersten Studie ließen sie Teilnehmer unterschiedlicher Altersgruppen – zwischen sieben und zehn (Präpubertät), dreizehn und siebzehn (Pubertät und Adoleszenz) sowie dreiundzwanzig und neunundzwanzig (Erwachsene) – das Belohnungsspiel mit den drei Piraten spielen. Bei allen Teilnehmern war der Nucleus accumbens (das Vergnügungszentrum) aktiver, wenn sie den Piraten sahen, der eine große Belohnung versprach. Doch bei Jugendlichen in der Adoleszenz stieg die Aktivität viel stärker an als bei Kindern oder Erwachsenen. Offenbar ist dieses Areal in diesem Alter hyperaktiv. Außerdem war bei allen Teilnehmern der orbitofrontale Kortex, der für das Knüpfen emotionaler Verbindungen wichtig ist, aktiv. Wobei Kinder und Jugendliche in dieser Hirnregion stärkere Aktivität zeigten als Erwachsene. Die Gruppe der Jugendlichen hob sich dadurch heraus, dass sie sowohl in den Hirnregionen, in denen Freude über Belohnung lokalisiert ist, als auch in denen, die das Verhalten an Belohnung ausrichten, starke Reaktionen zeigten.

In einer Untersuchung unseres eigenen Labors versuchten wir herauszufinden, ob diese altersabhängigen Schwankungen auf die Ankündigung oder das tatsächliche Eintreffen einer Belohnung zurückzuführen waren. Teilnehmergruppen im Alter von elf bis zwölf (Beginn der Pubertät), vierzehn bis fünfzehn (Mitte der Adoleszenz) und achtzehn bis vierundzwanzig Jahren (Ende der Adoleszenz, Beginn des Erwachsenenalters) wurden in eine Art Kasinosituation versetzt. Jeder Teilnehmer sah drei Spielautomaten, die jeweils das Bild einer Frucht zeigten. Wenn in allen dasselbe Bild auftauchte, erhielten die Teilnehmer eine Belohnung, wenn nicht, gingen sie leer aus. Aus dieser Spielkonzeption ergaben sich drei mögliche Resultate. Wenn zuerst ein Apfel, dann eine Ananas und zuletzt eine Traube im Spielautomat auftauchten, konnten die Teilnehmer schon beim Erscheinen des zweiten Bildes wissen, dass sie leer ausgehen würden (aufgrund der Verschiedenheit von Apfel und Ananas). Doch wenn nach dem Erscheinen des ersten Apfels ein zweiter auftauchte, wurde es spannend, denn dann bestand eine Gewinnchance. Manchmal erfüllte sich ihre Hoffnung, ein dritter Apfel erschien, und sie gewannen. Aber manchmal kam es auch anders, dem zweiten Apfel folgte eine andere Frucht, zum Beispiel eine Traube oder eine Kirsche. Die Analyse der Aktivität der Hirnregionen, die bei dieser Aufgabe aktiv waren, brachte markante Unterschiede zwischen den Altersgruppen zum Vorschein. Nicht nur das tatsächliche Gewinnen einer Belohnung, sondern schon das Antizipieren einer möglichen Belohnung führte zu einer stärkeren Aktivität im Nucleus accumbens. Die Antizipationsreaktion fiel bei Jugendlichen in der frühen und mittleren Phase der Adoleszenz (bei den Elf- bis Zwölfjährigen und den Vierzehn- bis Fünfzehnjährigen) stärker aus als bei der ältesten Teilnehmergruppe. Diese Beobachtungen machen deutlich, dass in der Adoleszenz nicht nur die feste Aussicht auf eine Beloh-

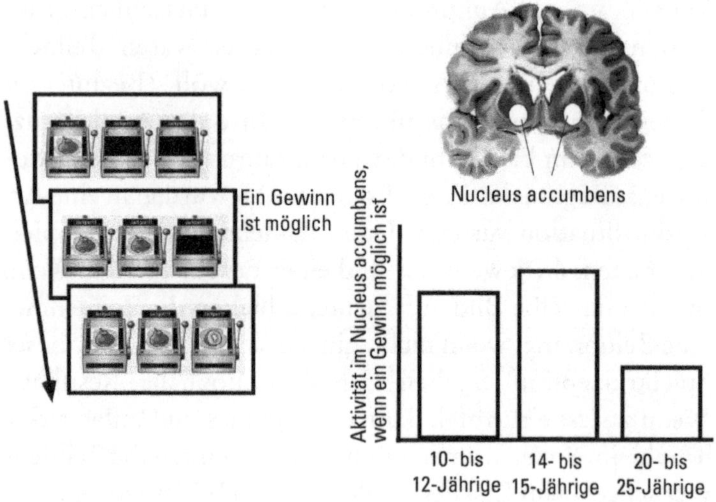

*Darstellung eines Auftrags aus einer Glücksspiel-Aufgabe, in der die Teilnehmer einen möglichen Gewinn antizipieren (links). Die Gewinnantizipation führt zu Aktivität im Nucleus accumbens (rechts oben). Bei Jugendlichen in der Adoleszenz ist dieses Areal besonders aktiv (rechts unten). Nach van Leijenhorst u. a. (*Brain & Development Laboratorium, *2008)*

nung (wie bei den Piraten, die eine bestimmte Belohnung erwarten ließen), sondern schon die Hoffnung auf eine nur *vielleicht* eintreffende Belohnung (aufgrund des Erscheinens eines zweiten Apfels) zu einer Hyperaktivität im Vergnügungszentrum des Gehirns führt.

Jugendliche reagieren also besonders sensibel auf die Chance, eine Belohnung zu erhalten. Diese Hypersensibilität des Gehirns kann vielleicht auch erklären, warum Jugendliche spannende Situationen regelrecht suchen. Denn eine spannende Situation ist oft mit der Hoffnung auf ein reizvolles Resultat verknüpft. Mit dem Skateboard von einer Mauer zu springen ist spannend, von einem Hochhaus zu springen ist hingegen wenig reizvoll, denn die Chance, dass dieser Sprung ein gutes Ende hat, ist viel zu gering. Oder denken Sie an Teenager, die mit ihren Mopeds von der Schule nach Hause fahren. Einem von ihnen schießt plötzlich die Idee durch den Kopf, es könnte lustig sein, mal über den Bürgersteig zu brettern und um die Pfosten Slalom zu fahren. In einem solchen Moment kann man das Risiko bedenken, zu stürzen oder einen Fußgänger anzufahren. Man kann aber auch an den Geschwindigkeitskick und den Spaß denken, den man mit seinen Freunden dabei haben könnte. Aus der Hirnforschung wissen wir heute, dass bei Jugendlichen in der Adoleszenz schon allein die Chance auf dieses »belohnende« Gefühl ausreicht, um das Vergnügungszentrum des Gehirns zu aktivieren.

Das heißt, in dem Moment, in dem die Entscheidung getroffen werden muss (»Fahre ich vorsichtig und halte ich mich an die Regeln, die ich für meine Moped-Führerscheinprüfung gelernt habe, oder mache ich mit?«), hat die bloße Aussicht auf den Kick bereits über die rationale Hirnregion, die auf die Gefahren hinweist, gesiegt. Dieser Konflikt zwischen emotionalen und rationalen Gehirnregionen macht wiederum deutlich, warum Jugendliche das eine Mal vernünftige und das andere Mal völlig unvernünftige Entscheidungen treffen. Eltern und Lehrer sehen sich dadurch manchmal mit völlig überraschenden Situationen konfrontiert. Wenn sie dann einen Jugendlichen auf seine Entscheidung ansprechen und fragen: »Was hast du dir um Himmels willen dabei gedacht, so etwas zu tun? Warum machst du so etwas? Hast du denn überhaupt nicht nachgedacht?«, lautet die Antwort wahrscheinlich »Äh … nein, ich weiß nicht, ich hab's einfach gemacht …«

Schauen wir uns diese Entscheidungen etwas näher an. In den bisher geschilderten Labortests hatten wir untersucht, welche Hirnareale beim Antizipieren einer möglichen Belohnung aktiv sind. Doch wie kommen diese Entscheidungen genau zustande? Wie treffen Jugendliche eine Wahl zwischen einer gefährlichen und einer ungefährlichen Situation? Um diese Fragen zu untersuchen, verwendeten wir im Labor eine Glücksrad-Aufgabe, also erneut eine Aufgabe, die den Risikosituationen in einem Kasino recht ähnlich ist. In dieser Untersuchung bot das Glücksrad entweder eine geringe Chance auf einen großen Gewinn (eine Geldsumme) oder eine große Chance auf einen geringen Gewinn. Die Teilnehmer durften bei jedem Spieldurchgang selbst entscheiden, ob sie um einen geringen oder einen großen Gewinn spielen wollten. Jugendliche entschieden sich in dieser Studie häufiger als Erwachsene für die Option der geringen Chance auf einen großen Gewinn. Es war zudem offensichtlich, dass sie sich über den Gewinn mehr freuten als die Erwachsenen, während Verluste sie nicht so stark berührten. Auch hier orientierten sich die Jugendlichen also vor allem an den Vorteilen, die ein risikoreiches Verhalten versprach, den Nachteilen (dem Geldverlust) würdigten sie hingegen kaum einen Gedanken.

Ferner zeigten die Jugendlichen bei dieser Aufgabe eine stärkere Aktivität des Nucleus accumbens (des Hirnareals, das auf Belohnung reagiert). Im Unterschied dazu waren bei Erwachsenen die Amygdala (das Emotionsareal, das bei riskanten Situationen anspringt) und der präfrontale Kortex (das Kontrollareal, das die langfristigen Folgen unseres Handelns im Blick hat) aktiver. Jugendliche werden also sowohl beim Antizipieren einer Situation, die die Chance auf eine Belohnung bietet, als auch bei Entscheidungen, die ein Risikoelement enthalten, stärker von den

Vergnügungsregionen im Gehirn gesteuert. In den geschilderten Studien wurde stets ein Geldbetrag eingesetzt, um die Belohnung zu variieren. Doch reagiert dieselbe Hirnregion, die auf eine finanzielle Belohnung anspricht, auch sensibel auf andere angenehme Dinge wie Schokolade, attraktive Gesichter, Freundschaft und Kooperation. Daher können diese »belohnenden« Ereignisse das Verhalten Jugendlicher beeinflussen.

Gute Idee, schlechte Idee?

Warum stellen Jugendliche in der Pubertät manchmal solchen Blödsinn an? Teenager skaten ohne Helm oder Ellenbogenschoner, weil sie das »cool« finden. Sie lernen erst in letzter Minute für eine Klassenarbeit, und sie fahren zu viert nebeneinander auf einer Straße Rad, auf der Autos mit Karacho vorbeirasen. Wo haben sie denn manchmal nur ihre Gedanken? Diese Frage vieler Eltern und Lehrer beschäftigt auch die Wissenschaftler. Wir wissen heute, dass die Emotionen bei Jugendlichen gelegentlich die Oberhand gewinnen und dass sich Teenager häufiger auf riskante Dinge einlassen, weil sie ihre Impulse noch nicht gut unter Kontrolle halten können. Wenn wir sie auffordern, über riskante Situationen nachzudenken, wissen sie genau, ob etwas eine gute oder schlechte Idee ist. Man könnte also annehmen, dass sie wissen, was sie tun. Studien belegen jedoch, dass Jugendliche anders über derartige Situationen nachdenken als Erwachsene: Forscher kamen zu dem bemerkenswerten Schluss, dass Jugendliche, denen man riskante Szenarien präsentiert, nicht *nicht* darüber

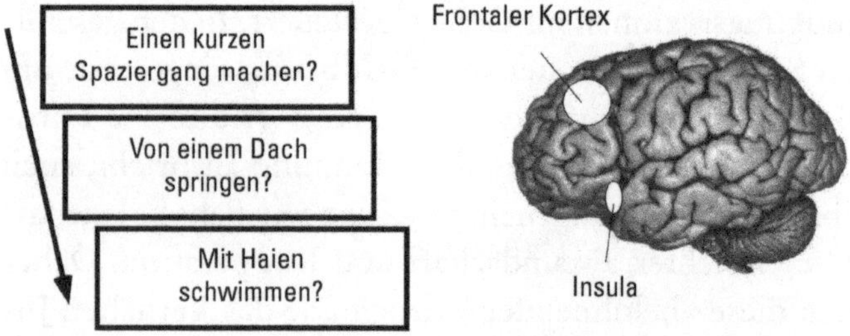

*Illustration eines Auftrags aus einem Experiment, in dem die Teilnehmer über harmlose und riskante Situationen nachdenken sollen. Bei dieser Aufgabe sind der frontale Kortex und die Insula wichtig (rechts). Nach Baird u. a. (*Adolescent Expert Meeting, *Leiden 2007)*

nachdenken. Ganz im Gegenteil, sie denken manchmal gerade mehr als nötig darüber nach. Wobei dieses Denken allerdings nicht immer zu besseren Einsichten führt.

In einer Untersuchung zu Entscheidungsverhalten präsentierten Forscher Jugendlichen hypothetische Situationen und baten sie einfach, die Frage zu beantworten: »Ist das eine gute oder eine schlechte Idee?« Situationen, die als gute Idee gelten konnten, waren in neutralen Sätzen formuliert wie: »Einen kurzen Spaziergang machen?« Situationen, die als schlechte Ideen gelten konnten, waren beispielsweise: »Mit Haien schwimmen?« »Ein Glas zerbeißen?« oder »Von einem Dach springen?« Erwachsene beurteilten diese Situationen eindeutig und sofort als schlechte Ideen. Ganz anders die Jugendlichen. Sie begannen erst einmal nachzudenken. Mit Haien zu schwimmen mag an sich gefährlich sein, aber es könnte auch interessant sein …

Wenn wir bei der Bearbeitung dieser Aufgaben einen Blick ins Gehirn werfen, können wir darin die folgenden

Prozesse wahrnehmen: Bei Erwachsenen, die an eine gefährliche Situation denken, reagieren dieselben Hirnregionen, die ansprängen, wenn die Situation tatsächlich eintreten würde. Die Insula, ein spezieller Teil des Gehirns, der für das Empfinden einer unangenehmen Reaktion wichtig ist, wird sofort aktiv. Sie setzt sich auch in Gang, wenn man etwas Widerwärtiges riecht oder sich vor einer bestimmten Situation ekelt. Sie bewirkt eine sofortige körperliche Reaktion, etwa einen Schauder, der einem über den Rücken läuft, oder ein komisches Gefühl im Bauch. Erwachsene mussten über die Situation offensichtlich nicht erst nachdenken, sie spürten sofort, dass sie sich dieser Situation, die bei ihnen eine unmittelbare Abwehrreaktion hervorrief, nicht aussetzen wollten. Bei Jugendlichen wurde dieser Teil des Gehirns nicht aktiv, sie verspürten offenbar keine Abwehrreaktion. Dafür aktivierte sich bei ihnen der frontale Kortex, eine Hirnregion, die für das Abwägen von Alternativen bedeutsam ist. Probleme auf diesem rationalen Weg zu lösen, bei dem man über die Situation erst nachdenken muss, erfordert oft viel Zeit. Wenn man schnell entscheiden muss, ob eine Situation gefährlich ist oder nicht, ist das jedoch nicht sehr praktisch. Bringen wir nun diese Befunde mit der erhöhten Aktivität in den Emotionsarealen Jugendlicher bei der Vorstellung einer spannenden Situation in Verbindung, komplettiert sich das Bild. Während Erwachsene in einer riskanten Situation auf ihr Bauchgefühl vertrauen können, das ihnen sagt, ob Gefahr droht oder nicht, konzentrieren sich Jugendliche auf die Chance einer positiven Ausbeute. Wenn man sie dazu anhält, über die Situation nachzudenken, wägen sie die Vor- und Nachteile lange ab, bevor sie den Schluss ziehen, ob etwas eine schlechte oder eine gute Idee ist, und ihr frontaler Kortex ist aktiver. Wenn Erwachsene Entscheidungen treffen müssen, vertrauen sie also auf ihre Intuition, und diese Intuition speist sich (vermittelt über somatische Marker) aus früheren Erfahrungen. Jugendliche müssen hingegen lange nachdenken und können ihrer Intuition noch nicht wirklich trauen.

Untersuchungen haben jedoch auch gezeigt, dass Teenager eher »gute« Entscheidungen treffen, wenn das Problem möglichst einfach und nicht sehr detailliert dargestellt wird. Eine Beobachtung, die impliziert, dass es nicht besonders sinnvoll ist, Jugendlichen die möglichen Risiken bestimmter Entscheidungen im Detail vor Augen zu führen. Es ist besser, möglichst einfach zu erläutern, warum bestimmte Entscheidungen keine günstige Option darstellen. Wenn Sam auf dem Moped eines älteren Nachbarjungen zu seinen Freunden fahren will, ist es wahrscheinlich effektiver, ihm klarzumachen, dass es der Gefahren wegen verboten ist, Moped zu fahren, bevor man sechzehn ist, als ihm, in der Hoffnung auf seine Einsicht in das Risikopotenzial dieser Fahrt, detailliert alle möglichen Gefahren und Szenarien auszumalen.

Wenn wir diese Beobachtungen alle noch einmal Revue passieren lassen, kommen wir zu folgendem Schluss: In einer emotional neutralen Situation können Jugendliche Risiken gut einschätzen und gut das Für und Wider möglicher Folgen abwägen (beispielweise am Küchentisch in einem guten Gespräch mit ihren Eltern über die Fahrt nach Spanien in ein Feriencamp). Sobald jedoch die Aussicht auf ein (im weitesten Sinne des Wortes zu verstehendes) Belohnungsgefühl besteht, werden die Emotionszentren hyperaktiv (etwa in der Diskothek in Spanien). Das erklärt auch, warum Teenager oft neue, herausfordernde Erfahrungen suchen. Diese Suche ist wahrscheinlich für ihren Weg zur sozialen Reife notwendig. Wenn man Jugendliche fragt, was sie über gefährliche Situationen denken, wird klar, dass sie das plötzlich auftretende warnende Gefühl, das Erwachsene kennen, nicht verspüren. Dieses Warnsystem entwickelt sich langsam und wird erst in der Spätphase der Adoleszenz aktiv. Auch für soziale Beziehungen hat das Gespür für das, was richtig oder falsch ist, weitreichende Konsequenzen. Doch das ist das Thema des folgenden Kapitels.

Zum Schluss: Frühe versus späte Hirnschädigung

Teenager probieren oft Neues aus, etwa Kunststücke auf dem Skateboard oder neue Sportarten. Doch allzu riskante Eskapaden enden oft mit einem Besuch auf der Unfallstation. Und mancher schwere Sturz kann auch eine Gehirnschädigung nach sich ziehen. Was passiert dann eigentlich mit dem Gehirn eines Jugendlichen? Reagieren die emotionalen Regionen hierauf anders als die rationalen?

Im Allgemeinen geht man davon aus, dass eine Gehirnschädigung in jungen Jahren weniger problematisch ist als in höherem Alter. Denn das Gehirn ist zu dieser Zeit noch sehr flexibel, so dass benachbarte Hirnregionen die Funktionen des geschädigten Areals übernehmen können. In vielen Fällen ist das richtig, vor allem wenn der rationale Kortex von der Schädigung betroffen ist. Doch bei den emotionalen Hirnregionen, der Amygdala oder dem orbitofrontalen Kortex, liegt der Fall völlig anders.

Patienten, deren Amygdala in frühen Jahren geschädigt wurde, zeigen oft größere Einschränkungen als Patienten, die erst als Erwachsene eine Schädigung erlitten haben. Das geht auch aus unterschiedlichen Tests hervor, in denen Patienten emotionale Situationen einschätzen sollten. Patienten, deren Amygdala im Erwachsenenalter geschädigt wurde, können zwar kaum negative Emotionen in Gesichtszügen anderer erkennen, doch sie sind häufig dazu in der Lage, Emotionen wie Angst zu erklären und die damit einhergehenden Gefühle zu beschreiben. Sie können diese Emotionen vielleicht nicht mehr durchleben, aber sie kennen sie aus ihrem früheren Erleben. Patienten, deren Amygdala schon sehr früh geschädigt wurde, fehlen die entsprechenden Erfahrungen.

Gleiches gilt für den orbitofrontalen Kortex. Forscher aus Iowa berichteten von zwei Patienten, deren Gehirn in früher Kindheit im Bereich des orbitofrontalen Kortex geschädigt worden war. Die erste Patientin war mit fünfzehn Monaten von einem Auto überfahren worden. Unmittelbar nach dem Unfall schien sie sich auf wundersame Weise schnell zu erholen, und ihr Verhalten zeigte keinerlei Auffälligkeit, außer dass sie auf Strafen nicht zu reagieren schien. Das änderte sich jedoch, als sie in die Pubertät kam. Weil es ihr schwerfiel, sich an Regeln zu halten, und sie oft mit Gleichaltrigen und den Eltern in Streit geriet, bekam sie als Vierzehnjährige eine Menge Probleme. Sie beging häufig Diebstähle, war in Schlägereien verwickelt, log oft und riss von zu Hause aus. Sie schien dem, was in Zukunft passieren könnte, keinerlei Bedeutung beizumessen und plante nur kurzfristig. Bemerkenswerterweise waren ihre schulischen Leistungen gut, ihre Intelligenz war also offenbar nicht beeinträchtigt. Als Zwanzigjährige wurde sie von Ärzten in Iowa untersucht. Sie scannten ihr Gehirn und stellten fest, dass ein großer Teil ihres orbitofrontalen Kortex geschädigt war. Man unterzog sie einer ganzen Reihe von Tests. Obwohl sie in allen rationalen Tests durchschnittlich bis überdurchschnittlich abschnitt, traf sie bei der Kartenglücksspielaufgabe (die im Abschnitt über Patienten mit einer orbitofrontalen Hirnschädigung geschildert wurde) in erster Linie kurzsichtige Entscheidungen. Sie handelte ebenso riskant oder sogar noch riskanter als Patienten, deren orbitofrontaler Kortex im Erwachsenenalter geschädigt worden war.

Ähnlich verhielt es sich im Fall eines Jungen, bei dem man im Alter von drei Jahren einen Tumor im orbitofrontalen Kortex diagnostiziert hatte. Nachdem es gelungen war, den Tumor zu entfernen, schien sein Verhalten völlig unbeeinträchtigt zu sein. Das änderte sich, als er ins schulpflichtige Alter kam. Obwohl er in der Schule gut mitkam, fiel es ihm sehr schwer, Freundschaften zu unterhalten, und als Neunjähriger zeigte er keinerlei Motivation mehr, irgendetwas zu Ende zu bringen. Aus gemeinschaftlichen Unternehmungen wurde er ausgeschlossen, weil er zu plötzlichen Wutausbrüchen neigte. Er schloss zwar die höhere Schule ab, doch war er nicht imstande, sein zukünftiges Leben zu planen; er tat nichts, außer Musik zu hören und fernzusehen. Auch dieser Junge log oft, hatte keine beständigen Freundschaften und brachte anderen nur wenig Empathie entgegen. Er litt an Fettsucht und war von seinen Eltern finanziell abhängig. Mit dreiundzwanzig wurde er ebenfalls von den Ärzten in Iowa untersucht. Auch bei ihm konnten sie mit Hilfe eines Gehirnscans eine starke Schädigung des orbitofrontalen Kortex feststellen. Rationale Tests bestand er ebenfalls problemlos, und bei der Kartenglücksspielaufgabe traf auch er nur kurzsichtige Entscheidungen.

Es ist festzuhalten, dass beide Patienten in stabilen Familien aufwuchsen, in denen es keine Anzeichen für eine neurologische oder psychiatrische Störung gab. Beide Patienten hatten Geschwister, die sich in keiner Weise auffällig verhielten. Die Schädigung des orbitofrontalen Kortex in der frühen Kindheit hatte offenbar zu starken Einschränkungen der Emotions- und Verhaltenskontrolle geführt. Diese Fälle belegen, dass die Funktionen der geschädigten Hirnregionen nicht von anderen Hirnregionen übernommen werden konnten. Das limbische System des Gehirns und die daran angrenzenden Regionen, wie der orbitofrontale Kortex, verfügen offenbar über eine geringere Plastizität als der Kortex. Daher können Schädigungen in diesen Gehirnregionen nachhaltigere und schwerwiegendere Folgen nach sich ziehen.

4
Das soziale Gehirn

Das Würgespiel

Der vierzehnjährige Gabriel und seine Freunde hatten zunächst im Internet davon gelesen. Aus ihrer Sicht war es ein harmloses Spiel, das einen unglaublichen Kick versprach. Eigentlich war es ganz einfach: Wenn man dem Gehirn eine Weile Sauerstoff entzog, erlebte man ein wahnsinniges »High«-Gefühl. Sicher würden sie sich das auch trauen und bestimmt mal ausprobieren, sagten sie sich. Dann hörten sie in der Schule davon. Die Einzelheiten waren im Internet oder von Freunden leicht zu erfahren. Das Ziel des Würge- oder Ohnmachtsspiels – im Englischen *fainting, pass-out* oder *choking game* genannt – besteht darin, vorübergehend das Bewusstsein zu verlieren, indem man sich etwa einen Strick um den Hals schnürt oder sich von jemandem die Kehle zudrücken lässt. Dadurch wird die Halsschlagader abgedrückt und die Sauerstoffzufuhr zum Gehirn unterbrochen. Gabriel und seine Freunde dachten, wenn sie es richtig machten, könne eigentlich nichts schiefgehen. Es wäre doch toll, das einmal auszuprobieren und dann miteinander darüber zu reden.

In der Schule hatte ihnen ein älterer Junge gezeigt, wie es ging, wie man Druck auf die Halsschlagader ausüben konnte. Gabriel hatte es zusammen mit seinem Bruder ausprobiert. »Es war ein bisschen merkwürdig, aber eine krasse Erfahrung«, sagte sein Bruder danach. Gabriel hatte gemischte Gefühle dazu. Einmal sagte er, er finde es phantastisch und es sei die beste Erfahrung, die er je gemacht hatte, aber ein anderes Mal meinte er, er habe es nur wegen des Gruppendrucks getan: Seine Freunde hätten es schließlich auch versucht, und da wollte er nicht abseits stehen. Nachdem sie es mehrmals ausprobiert hatten, hatte Gabriel oft rot unterlaufene Augen und reagierte manchmal urplötzlich äußerst aggressiv. Seine Familie konnte sich nicht erklären, worauf diese Symptome zurückzuführen waren. Sie hatten keine Ahnung, auf welch gefährliches Tun sich Gabriel und sein Bruder eingelassen hatten. Gabriels Mutter entdeckte zwar irgendwann, dass die beiden seltsame Spielchen spielten, aber ihr war nicht klar, was genau es damit auf sich hatte. Trotzdem verbot sie ihnen, es je wieder zu tun. Gabriel begriff überhaupt nicht, worüber sie sich so aufregte. »Das ist doch kein großes Ding, weder nehme ich Drogen, noch trinke ich Alkohol«, war seine Reaktion. Die Warnung seiner Mutter war für Gabriel leider nicht eindringlich genug. Eines Nachmittags fand ihn sein Bruder mit einem Strick um den Hals bewusstlos in seinem Zimmer. Gabriel starb ein paar Stunden später im Krankenhaus.

2006 wurde die Youth Health Risk Behavioral Survey (Studie über gesundheitsgefährdendes Verhalten Jugendlicher) in Williams County, Ohio, veröffentlicht, aus der hervorging, dass elf Prozent aller Jugendlichen zwischen zwölf und achtzehn Jahren mit diesem Würgespiel schon einmal experimentiert haben. Erwachsene haben mit diesem Spiel keine oder nur wenig Erfahrung. Seit 1995 sind in den USA bereits mehr als achtzig Jugendliche an den Folgen dieses Spiels gestorben, ihr Durchschnittsalter betrug dreizehn Jahre. Obwohl Gabriel, sein Bruder oder einer ihrer Freunde unzählige Gelegenheiten hatten, Eltern oder Lehrer darüber zu informieren, dass sie sich mit riskanten Praktiken beschäftigten, die möglicherweise auch mal schiefgehen konnten, hatte es keiner getan.

Die Jugendlichen hatten keinen Sinn für einen der grundlegendsten moralischen Werte: für die Achtung vor dem Leben und die Verantwortung für die Wahrung menschlichen Lebens. Wenn jemand diese Werte missachtet, vermutet man dahinter oft einen Mangel an moralischem Bewusstsein oder Psychopathie. Diese Erkrankung, die mit fehlender Achtung vor dem eigenen Leben oder dem Leben anderer einhergeht, tritt jedoch sehr selten auf. Wie ist es möglich, dass sich eine ganze Gruppe Jugendlicher schuldig macht und in dieser gefährlichen Situation nicht einschreitet?

Dass sie alle zu psychopathischem Verhalten neigen, ist doch sehr unwahrscheinlich. Obwohl der hier beschriebene Fall, in dem ein Gruppenspiel für einen der Jungen tödlich endet, glücklicherweise äußerst selten auftritt, ist die Art und Weise, wie die Jugendlichen in einer solchen Situation argumentieren, für Teenager keineswegs so ungewöhnlich. Sie reden über abenteuerliche Herausforderungen, bagatellisieren die Gefahren und spekulieren darüber, welchen Kick es bringen wird. So entsteht das Gefühl, einer verschworenen Gemeinschaft anzugehören. Das ist aufregend, doch die möglichen Folgen werden völlig unterschätzt (»Mir passiert schon nichts.«). Außerdem gewinnt das soziale Umfeld, besonders Gleichaltrige, in der Adoleszenz zunehmend an Einfluss. In diesem Kapitel gehe ich darauf ein, warum Teenager unter dem Einfluss ihres sozialen Umfelds manchmal so unüberlegt handeln und wie der Reifeprozess bestimmter Hirnregionen dazu beiträgt.

Natürlich legen Teenager großen Wert auf die Meinung ihrer Freunde und die Anerkennung durch sie; sie verbringen in diesem Alter schließlich die meiste Zeit mit ihren Altersgenossen. Ein Großteil der Jugendlichen zwischen zwölf und siebzehn ist auf den Websites sozialer Netzwerke wie Facebook und in virtuellen Treffpunkten aktiv. Eltern mögen es bedauern, dass ihre Kinder ihnen in der Pubertät weniger anvertrauen, für Teenager ist das aber ein Teil ihrer normalen sozialen Neuorientierung. In dieser Phase der Adoleszenz sind Gleichaltrige nun einmal interessanter. Jugendliche nutzen jede Möglichkeit, um mit ihren Freunden Gedanken, Tipps, Geheimnisse oder die letzten Neuigkeiten auszutauschen.

Studien zur sozialen Orientierung Heranwachsender haben gezeigt, dass Zehnjährige sich vorwiegend mit Gleichaltrigen treffen, um mit ihnen draußen zu spielen oder in einem Sportverein zu trainieren. Einen nicht unerheblichen Teil ihrer Zeit widmen sie jedoch noch gemeinsamen Aktivitäten mit ihren Eltern. Diese Muster verändern sich bei Vierzehnjährigen stark. Nach eigenen Angaben wollen sie viel weniger Zeit mit ihren Eltern und viel mehr Zeit mit Gleichaltrigen verbringen. Auch die Art der Aktivitäten verändert sich. Jugendlichen ist es in diesem Alter wichtiger, ihre Gedanken miteinander auszutauschen und zu diskutieren. Ihre Freundschaften werden persönlicher und intimer. Wie kommt es zu diesem Wandel?

Schon seit Jahrzehnten beschreiben Wissenschaftler die Veränderungen des Sozialverhaltens bei Jugendlichen, vor allem im Hinblick darauf, wie sie moralische Entscheidungen treffen, wie sie über Vorstellungen anderer denken und wie gut es ihnen gelingt, Situationen aus unterschiedlichen Perspektiven zu betrachten. Offensichtlich sind die Veränderungen für die Art der Freundschaften, die Jugendliche eingehen, von entscheidender Bedeutung. Erst seit wenigen Jahren befassen sich Forscher mit der Frage, welche Hirnregionen an sozialem Handeln beteiligt sind, etwa an Entscheidungen, die sich auf andere auswirken. Diese Studien konnten zwar zeigen, welche Hirnregionen bei Erwachsenen dafür wichtig sind, aber wie sie sich entwickeln und in welchem Zusammenhang ihre Entwicklung mit den Veränderungen im Sozialverhalten der Jugendlichen steht, wissen wir noch nicht. Erste Untersuchungen zu dieser Frage sind im Gange, doch im Moment können wir nur darüber spekulieren, welche Auswirkungen der Reifeprozess dieser Hirnregionen hat. Aufgrund unseres Wissens über die Funktion dieser Hirnregionen bei Erwachsenen können wir aber immerhin einige Hypothesen zum Reifungsprozess der Hirnareale entwickeln, die den Wandel im Sozialverhalten von Jugendlichen bewirken.

Wie verläuft soziale Entwicklung?

Gabriels Freunde hätten seinen Eltern gewiss signalisieren können, dass Gabriel möglicherweise in Gefahr war, doch sie hatten ihm versprochen, darüber zu schweigen, und entschieden, diesem Versprechen mehr Gewicht beizumessen als den Risiken. Im Nachhinein betrachtet, wäre es natürlich vernünftiger gewesen, dieses Versprechen zu brechen. Aber damals schien es wichtiger, sich dem Freund gegenüber loyal zu verhalten und sein Geheimnis zu wahren. Für Gabriels Eltern war das schwer nachzuvollziehen; für sie war es selbstverständlich, dass man bei einer lebensbedrohlichen Gefahr die Betroffenen sofort warnen sollte, damit diese die Risiken mit allen Mitteln abwenden konnten. Doch für die Jungen war das ein schwieriges moralisches Dilemma.

Zahlreiche Untersuchungen zur sozialen Entwicklung Jugendlicher widmen sich dem äußerst komplexen Thema des moralischen Urteilens, das ein Abwägen zwischen den eigenen Interessen und denen anderer erfordert. Was moralisch zu rechtfertigen ist oder nicht, gehört zu den in unserer Gesellschaft am häufigsten diskutierten Fragen. Die Bandbreite der Normen und Regeln reicht dabei von »Was du nicht willst, das man dir tu, das füg auch keinem andern zu« bis zu komplexeren Formulierungen. Wobei die moralische Begründung nicht immer auf universellen Prinzipien basiert, sondern häufig auf einer individuellen Interpretation der konkreten Interessenlage in einer bestimmten Situation. Denken Sie nur an Fragen wie die nach dem richtigen Umgang mit Inhaftierten, Asylsuchenden oder dem Selbstbestimmungsrecht todkranker Patienten. Die heftigen Debatten, die sich darüber entfacht haben, und die kontroversen Meinungen politischer Parteien machen bereits deutlich, aus welch unterschiedlichen Blickwinkeln diese komplexen Situationen beurteilt werden können. Weil unterschiedliche Interessen miteinander kollidieren, ist es oft nicht möglich, eine simple Regel anzuwenden.

Die Fähigkeit, solche moralischen Situationen zu beurteilen, durchläuft einen interessanten Entwicklungsprozess, den bereits berühmte Entwicklungspsychologen wie Jean Piaget und Lawrence Kohlberg beschrieben haben. In ihren Studien legten sie Kindern, Jugendlichen und Erwachsenen unterschiedliche Szenarien vor und baten sie um eine Beurteilung dieser Situationen. Als eine ihrer bedeutendsten Entdeckungen erwies sich, dass sich die Art, wie in moralischen Situationen geurteilt wird, noch bis zu einem Alter von Anfang dreißig verändern kann. Wir sprechen hier also über eine Entwicklungsphase, die weit über das Teenageralter hinausgeht, wobei sich in der Teenagerzeit sicherlich die größten Veränderungen ergeben.

Nach Jean Piaget durchläuft die Fähigkeit, hypothetische moralische Situationen zu beurteilen, mehrere Entwicklungsstadien. Obwohl diese Theorie schon mehr als fünfzig Jahre alt ist, debattieren Wissenschaftler bis heute darüber, ob es sich bei den Stadien um echte *Shifts* (Wechsel) handelt (zum Beispiel um einen unmittelbaren Shift von »Versprochen ist versprochen« zu »Versprechen sind abhängig von der mit ihnen verbundenen Gefahr«) oder um einen eher sukzessiven Übergang, bei dem ein Argumentationsstadium (die Einhaltung von Versprechen ist situationsabhängig) allmählich ein anderes (»Versprochen ist versprochen«) ablöst. Auch über das genaue Alter, in dem Kinder von einem Stadium in ein anderes wechseln, ist man sich nicht einig. Manche Wissenschaftler vertreten die Auffassung, Kinder würden viel früher ein höheres Stadium erreichen, als in Piagets Theorie angenommen wird, andere widersprechen dieser Auffassung energisch. In unserem Zusammenhang spielen diese Debatten keine besondere Rolle.

Nach Piagets Theorie sind sechs- bis siebenjährige Kinder noch stark von den Regeln abhängig, die ihre Eltern ihnen vorgeben. In dieser Hinsicht sind ihre Beziehungen unilateral: Eltern stellen die Regeln auf, und Kinder befolgen sie ohne Wenn und Aber. Die Kinder ärgern sich vielleicht manchmal darüber, aber die Regeln werden trotzdem als Wahrheit akzeptiert. Ein bekanntes Beispiel dafür ist eine Situation, in der zwei kleinen Jungen in der Küche Geschirr zu Bruch geht. Der erste Junge (Bram) öffnet die Küchentür, ohne zu wissen, dass dahinter ein Stuhl und darauf ein

Tablett mit fünf Tassen steht. Als er die Tür öffnet, fällt das Tablett vom Stuhl, und alle Tassen zerbrechen. Der zweite Junge (Vincent) sucht nach Keksen. Um an den Küchenschrank zu gelangen, stellt er sich auf einen Stuhl. Kaum erreichbar, sieht er hinter den Tassen ein Päckchen Kekse. Er greift nach den Keksen, dabei fällt eine Tasse aus dem Schrank zu Boden und zerbricht. Die Frage, die man den Kindern stellt, lautet: Wer ist ungezogener, Bram oder Vincent? Sechsjährige argumentieren hier oft, Bram sei ungezogener, denn er habe fünf Tassen zerbrochen, Vincent nur eine einzige. Mit anderen Worten: Diese Kinder beurteilen eine Handlung nach ihrem Resultat und nicht nach der Intention, die dahintersteht.

Mit etwa acht bis zehn Jahren sind Kinder dann dazu fähig, über Intentionen nachzudenken. Sie befinden sich gewissermaßen in einer Übergangsphase. In diesem Alter unternehmen sie schon mehr mit Gleichaltrigen, und die Ebenbürtigkeit in diesen Beziehungen gewinnt an Bedeutung. Kinder dieses Alters handeln oft nach einer Art Geben-und-nehmen-Prinzip: Tust du etwas für mich, dann tu ich auch etwas für dich. Sie lernen zudem, dass sich Regeln in Abhängigkeit von der Meinung einer Gruppe ändern können. Sie beginnen, sich über die Standpunkte und Perspektiven anderer Gedanken zu machen, und lernen dadurch, besser miteinander zu kooperieren.

Im nächsten Stadium, das mit etwa elf oder zwölf Jahren einsetzt, sind Jugendliche nicht mehr dazu bereit, die Vorschriften anderer oder eine Autorität blind zu akzeptieren. Sie beginnen selbständig darüber nachzudenken, welches Handeln ihrer Meinung nach moralisch vertretbar ist, und passen sich nicht mehr den Regeln und Urteilen ihrer Eltern an. In diesem Alter werden Regeln nicht mehr als unabänderlich aufgefasst, sie werden vielmehr als Konsequenzen sozialer Übereinstimmungen begriffen, die sich ändern können, wenn sich die Einstellung der Gruppe ändert. Zudem wird mehr Wert auf persönliche Motive und Intentionen gelegt.

Intentionen sind ein immer wiederkehrendes Thema in den Beschreibungen moralischen Urteilens: Warum handelt jemand auf eine bestimmte Weise? Anhand der Intentionen, die einem Handeln zugrunde liegen, wird beurteilt, ob die Handlung zu rechtfertigen ist oder nicht. Lawrence Kohlberg nimmt diese Intentionen in seinem bekannten Stadienmodell der moralischen Entwicklung genauestens in den Blick. Seine Forschung, die auf dem Werk Piagets aufbaut, ist in wesentlichen Teilen von der Zeit beeinflusst, in der er seine Theorien entwickelte. Nach den Biographien über Kohlberg wurde sein Denken von einer starken Abneigung gegen Ungerechtigkeit geleitet. Seiner Auffassung nach geht es nicht darum, ob eine Antwort moralisch richtig oder falsch ist; das Moralbewusstsein eines Menschen lässt sich vielmehr an den Abwägungen ablesen, die er in moralisch relevanten Situationen vornimmt. Eines seiner Szenarien, das Heinz-Dilemma, wurde ein Klassiker. Die Situation stellt sich darin folgendermaßen dar:

In einer Stadt in Europa liegt eine Frau mit einer seltenen Krankheit im Sterben. Ein neues Medikament könnte nach Meinung der Ärzte ihr Leben retten. Dieses Medikament enthält eine Substanz, die ein Apotheker aus derselben Stadt kürzlich entdeckt hat. Die Herstellung des Arzneimittels ist ohnehin teuer, doch der Apotheker verlangt auch noch das Zehnfache des Herstellungspreises. Die Herstellung des Medikaments kostet ihn einhundert Euro, und er berechnet eintausend Euro für eine kleine Dosis der Arznei. Heinz, der

Ehemann der kranken Frau, sucht alle seine Bekannten auf, um sich das Geld von ihnen zu leihen. Doch er kann nur fünfhundert Euro auftreiben. Er sagt dem Apotheker, dass seine Frau im Sterben liege, und bittet ihn, das Mittel billiger abzugeben oder ihm die fehlende Summe zu stunden. Doch der Apotheker sagt: »Nein, ich habe das Mittel entdeckt und will Geld damit verdienen.« Heinz überkommt Verzweiflung und er denkt daran, in die Apotheke einzubrechen, um das Medikament für seine Frau zu stehlen.

Darf Heinz das Medikament stehlen?

Das Wichtige an Dilemmata wie diesem ist die Tatsache, dass es hier nicht um die Erkenntnis moralischer Grundwerte geht. Denn schließlich weiß jeder, dass man nicht stehlen darf und dass ein Leben erhaltenswert ist. Diese Dilemmata sind deshalb interessant, weil sich darin Grundwerte *widerstreiten* und man zwischen kontroversen Werten abwägen muss. In allen Szenarien, die Kohlberg entwickelt hat, geht es um mehrdeutige Situationen, in denen zwei Personen gegensätzliche Perspektiven einnehmen. Ihre moralischen Werte treten zueinander in Konkurrenz. Im Heinz-Dilemma stehen beispielsweise der Respekt vor dem Eigentum und der Respekt vor einem Menschenleben miteinander in Konflikt. Indem sie diese Dilemmata Kindern unterschiedlichen Alters vorlegten, konnten Kohlberg und seine Kollegen nachweisen, dass sich die Beurteilung eines solchen Konflikts verändert.

Zehnjährige orientieren sich bei diesen Dilemmata offenbar vor allem an der Möglichkeit, eine Belohnung zu erhalten oder eine Strafe zu vermeiden. Einige Kinder, die sagen, Heinz dürfe nicht stehlen, begründen ihre Entscheidung beispielsweise damit, dass er andernfalls bestraft würde und ins Gefängnis käme. Andere Kinder argumentieren, Heinz dürfe stehlen, weil seine Frau ihn dann sehr gern hätte. In diesem Alter brauchen Kinder noch Autorität und schätzen konkrete Wechselseitigkeit (Auge um Auge, Zahn um Zahn). Bei Kindern, die älter als zehn sind, nimmt die Bedeutung dieser Phase jedoch schnell ab.

Ab einem Alter von vierzehn Jahren argumentieren Jugendliche oft nach dem Prinzip, dass soziale Beziehungen wichtig sind und Einzelne soziale Regeln und Gesetze beachten sollten. Beim Einsetzen dieses Stadiums heben sie hervor, dass es wichtig sei, in sozialen Beziehungen zu einem Einverständnis zu gelangen (behandle einen anderen so, wie du selbst behandelt werden möchtest). Dieses Stadium ist bei Jugendlichen zwischen vierzehn und zweiundzwanzig Jahren bei weitem am stärksten ausgeprägt. In einer späteren Phase dieses Stadiums gewinnt auch die Verantwortung innerhalb eines sozialen Systems an Bedeutung. Beim Heinz-Dilemma argumentieren manche Jugendliche, Heinz dürfe nicht stehlen, weil in unserer Gesellschaft nun einmal die Vereinbarung bestehe, dass man für sein Eigentum Geld verlangen dürfe und ein gewaltiges Chaos entstünde, wenn jeder ein bestimmtes Gut, das er haben wolle und nicht bekommen könne, stehlen würde. Interessanterweise steigt die Zahl der Heranwachsenden, die auf diesem Niveau des sozialen Gewissens argumentieren, bis zu einem Alter von sechsundzwanzig noch weiter an. Mit etwa fünfundzwanzig Jahren hat dieses Stadium das vorangehende abgelöst.

Das ultimative Stadium moralischer Argumentation liegt in Kohlbergs Darstellung auf postkonventionellem Niveau, auf dem sich der Einzelne an Idealen und moralischen Prinzipien orientiert. In diesem Stadium trägt er auch der sozialen Gruppe Rechnung, erkennt dabei jedoch Prinzipien wie

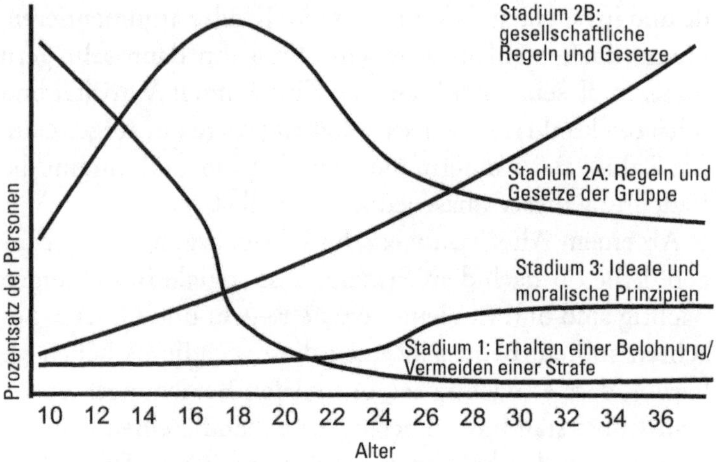

Entwicklungsverlauf moralischer Urteilsstadien. Nach Kohlberg (1979)

das Leben und die Freiheit als universelle menschliche Werte an. Dieses letzte Stadium erreichen allerdings selbst in der Altersgruppe der Sechsunddreißigjährigen nur wenige (weniger als zehn Prozent). Offenbar ist diese Art des moralischen Urteilens gesellschaftlich nicht sehr verbreitet. Interessanterweise hat der Test der moralischen Urteilskompetenz prognostische Relevanz für das moralische Handeln im Alltag. So befinden sich beispielsweise Jugendliche, die mehrfach straffällig werden, oft auf einer niedrigeren moralischen Argumentationsstufe als solche, die nie eine Straftat begehen. Sie können die Intentionen anderer einfach schlechter in ihre Überlegungen einbeziehen.

Robert Selman, ein berühmter Psychologe der Harvard University, vertritt die Theorie, Heranwachsende seien mit der Zeit zunehmend besser in der Lage, die Perspektive eines anderen einzunehmen oder sich in andere hineinzuversetzen. Eine Entwicklung, die womöglich auch bewirkt, dass sie anders über moralische Dilemmata nachdenken. Diese Fähigkeit zur Perspektivenübernahme prägt zudem die Art der Freundschaften, die Heranwachsende schließen. Kinder betrachten Freundschaften und Beziehungen noch aus einer egozentrischen Perspektive: Andere Kinder werden als Spielkameraden wahrgenommen. Deren Gedanken und Gefühlen schenken sie jedoch keine Beachtung (drei bis sieben Jahre). In der nächsten Phase erkennen Kinder zwar, dass andere möglicherweise Gedanken und Wünsche haben, die von ihren eigenen abweichen, doch sie stellen sich nicht wirklich darauf ein. Gleichaltrige werden immer noch bloß als Spielkameraden betrachtet, mit denen man Spaß haben kann (vier bis neun Jahre).

Die Art der Freundschaften, die Kinder eingehen, verändert sich grundlegend, wenn sie lernen, die Gedanken anderer zu reflektieren. In dieser Phase begreifen sie, dass soziale Beziehungen wechselseitig sind, obwohl sie nach wie vor nicht richtig in der Lage sind, unterschiedliche Perspektiven miteinander zu vergleichen oder sich völlig in die Sichtweise eines anderen hineinzuversetzen. Auch wenn Freundschaften in dieser Phase auf dem Prinzip der Gegenseitigkeit gründen, werden sie nicht als Beziehungen betrachtet, die langfristige Investitionen erfordern (sechs bis zwölf Jahre). Erst in der nächsten Phase können Jugendliche unterschiedliche Perspektiven miteinander vergleichen – etwa die eigene, die eines Gegenübers und die einer dritten Person, die die Beziehung von außen betrachtet. Das führt dazu, dass die Beziehungen und Freundschaften intimer werden und sich auf vertrauensvoller Basis (neun bis fünfzehn Jahre) entwickeln. Die letzte Phase basiert auf gegenseitiger Abhängigkeit. In diesem Stadium erkennen Jugendliche, dass ihre Beziehungen von einer zu respektierenden gegenseitigen Abhängigkeit geprägt sind, aber auch Autonomie in ihnen eine wichtige Rolle spielt (ab zwölf Jahren). Diese Veränderungen der Freundschaftsbeziehungen lassen sich alle auf die allmähliche Entwicklung der Fähigkeit zur Perspektivenübernahme zurückführen. Bei Erwachsenen ist diese Fähigkeit in der Hirnforschung heute gut erforscht. Der nächste Abschnitt dieses Kapitels gibt dazu einige nähere Erläuterungen, so dass wir anschließend Vermutungen darüber anstellen können, wie die Einsicht in die Entwicklung der Hirnfunktionen vielleicht zu einem besseren Verständnis der Entwicklung des Sozialverhaltens beitragen kann.

Das moralische Gehirn

Welche Hirnregionen sind für die Beurteilung moralischer Dilemmata wichtig? Das ist offensichtlich keine einfache Frage, denn woher soll man wissen, woran Probanden denken, wenn sie ein moralisches Dilemma beurteilen sollen, während man ihr Gehirn scannt. Eigentlich kann man das nur wissen, wenn man sie darum bittet, eine Richtig/Falsch-Entscheidung zu treffen. Obwohl ein solches Vorgehen von Kohlbergs ursprünglichem Dilemmamodell abweicht (in dem es nicht um richtige oder falsche Antworten geht), hat es uns doch zahlreiche Erkenntnisse darüber vermittelt, wie unterschiedliche Hirnregionen beim Abwägen zwischen »moralisch richtig« und »moralisch falsch« zusammenwirken.

Joshua Greene, ein Philosoph und Neurowissenschaftler der Harvard University, hat untersucht, welche Hirnregionen an der Beurteilung moralischer Situationen beteiligt sind. Seine Überlegungen sind von der Unterscheidung zwischen persönlichen und unpersönlichen, sozialen Dilemmata geprägt. Ein persönliches Dilemma stellt zum Beispiel folgende Situation dar: Sie sind mit dem Auto auf einer einsamen Landstraße unterwegs. Plötzlich sehen Sie einen Schwerverletzten, der am Straßenrand liegt. Er muss sofort ins Krankenhaus gebracht werden, und Sie allein können ihm helfen. Der verletzte Mann ist auf Ihre Hilfe angewiesen. Nur wenige Menschen würden diesen Mann liegen lassen, fast jeder empfindet es als seine moralische Pflicht, ihm in seiner Not beizustehen und ihn ins Krankenhaus zu bringen. Bei einem unpersönlichen Dilemma stellt sich die Lage anders dar. Stellen Sie sich vor, auf Ihrer Fußmatte finden Sie einen Brief, der Ihnen die brisante Lage von Kindern in einem Dritte-Welt-Land vor Augen führt. Viele dieser Kinder werden sterben, wenn sie nicht die dringend benötigten Impfungen erhalten. Man bittet Sie um eine kleine Spende, die möglichweise viele Leben retten könnte. In dieser letzten Situation ist die spontane Hilfsbereitschaft oftmals viel geringer als in der ersten. Warum ist das so?

Um dieser Frage nachzugehen, legte Greene seinen Probanden mehrere Szenarien vor. Ein bekanntes Beispiel aus seinen Studien ist das Trolley-Dilemma. In diesem Dilemma nähert sich ein Zug auf einem Gleis einer Gabelung, an der er entweder links oder rechts fahren muss. Auf dem linken Gleis geht ein Mann, den der Zug erfassen würde, auf dem rechten Gleis gehen hingegen fünf Männer. Der Proband hat in diesem Experiment die Kontrolle über die Weiche und kann entscheiden, ob der Zug nach links oder nach rechts fährt. Die meisten entscheiden sich dafür, den Zug nach links fahren zu lassen, weil auf diesem Gleis »nur ein« Mann überfahren wird und nicht fünf Männer. In diesem Beispiel handelt es sich um ein unpersönliches moralisches Dilemma. Bei einem persönlichen Dilemma stellt sich die Lage anders dar. Auch hier nähert sich ein Zug auf einem Gleis. In einiger Entfernung gehen fünf Männer auf dem Gleis; wenn der Zug nicht anhält, wird er sie überfahren. Über das Gleis führt eine Brücke, auf der die Testperson zusammen mit einem weiteren Mann steht. Die Testperson kann den Zug anhalten, indem sie den Mann von der Brücke stößt, so dass er vor den Zug fällt, überfahren wird und damit den Zug zum Anhalten bringt. Das Leben der fünf anderen Männer wäre damit gerettet. Obwohl auch hier ein einziger Todesfall fünf Todesfällen gegenübergestellt wird, tun sich die Probanden mit diesem persönlichen Dilemma viel schwerer als mit dem unpersönlichen Dilemma.

Die Teilnehmer an diesem Experiment wurden dazu aufgefordert, Situationsschilderungen zu lesen, die solche Dilemmata enthielten, und zu jedem ein Richtig/Falsch-Urteil zu fällen. Während sie ihre Beurteilung vornahmen, maß man die Aktivität ihres Gehirns mit Hilfe eines fMRT. Es zeigte sich, dass bei der Bearbeitung der Aufgabe ständig ein Netzwerk unterschiedlicher Hirnareale aktiv war, sowohl Areale, die häufig mit Emotionen assoziiert werden (siehe Kapitel 3), wie auch solche, die mit rationalem Urteilen in Verbindung gebracht werden (siehe auch Kapitel 2). Aktiv waren ein mediales Areal im präfrontalen Kortex sowie der anguläre Gyrus und der posteriore cinguläre Gyrus, zwei Areale in der Parietalrinde, die an der emotionalen Evaluation beteiligt sind. Von den kognitiven Arealen waren der dorsolaterale präfrontale Kortex und der parietale Kortex aktiv. (In Kapitel 2 wurde bereits erwähnt, dass diese Areale für das Arbeitsgedächtnis wichtig sind.)

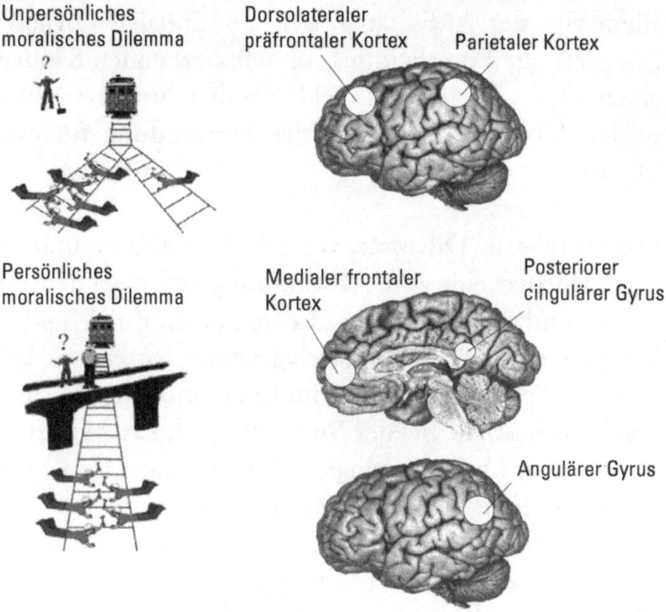

*Darstellung eines unpersönlichen und eines persönlichen moralischen Dilemmas (Trolley-Dilemma) (links) und der Hirnregionen, die bei der Abwägung dieser Dilemmata wichtig sind. Die Trolley-Dilemmata finden sich auf der Website von Joshua Greene: http://www.wjh.harvard.edu/~jgreene/. Nach Greene u.a. (*Science, *2001).*

Interessant war aber vor allem, dass die emotionalen Areale aktiver waren, wenn über persönliche moralische Dilemmata nachgedacht wurde, und die kognitiven, wenn die Teilnehmer über unpersönliche sinnierten. Persönliche Dilemmata rufen viel stärkere Emotionen hervor, und offenbar steuern diese Emotionen auch unsere Entscheidungen. Bezogen auf das erste Beispiel, wird unsere Entscheidung, den verletzten Mann ins Krankenhaus zu bringen, also vor allem von der Aktivität in den emotionalen Hirnarealen gesteuert, die Entscheidung, ob wir sterbenden Kindern in einem Dritte-Welt-Land Geld spenden, hingegen von rationalen Überlegungen über die Verwendung finanzieller Mittel.

Das moralische Dilemma, vor dem Gabriels Freunde standen, erfordert eine gute Abstimmung zwischen den emotionalen und den rationalen Hirnregionen. Ihr Wunsch, das Versprechen, das sie Gabriel gegeben hatten, zu halten, wurde möglicherweise von ihren emotionalen Hirnregionen bestimmt, die bei der Vorstellung, ihn zu verraten, aktiv wurden. Die emotionalen Hirnregionen signalisierten ihnen vielleicht, dass sie dann nicht mehr zur Gruppe gehören würden, dass man sie ausschließen würde oder dass Gabriel auf den Verräter sehr wütend wäre. Die rationalen Hirnregionen hatten vielleicht in Betracht gezogen, dass Gabriels Leben in Gefahr sein könnte, wenn das Spiel aus dem Ruder liefe. Wenn man den Eltern einen Wink gäbe, könnte man diese Gefahr vielleicht abwenden. Die rationalen Hirnregionen könnten ihnen signalisiert haben, dass es wichtig wäre, eine andere Meinung als die Gruppe zu vertreten, und sie Gabriel besser zureden und ihm klarmachen sollten, dass dieses Spiel sehr schlimme Konsequenzen haben könnte und er damit aufhören müsse. Wahrscheinlich schwiegen Gabriels Freunde, weil die rationalen Hirnregionen letztlich nicht den Sieg über die emotionalen davongetragen haben. Wären sie zehn Jahre älter gewesen, hätten ihre womöglich besser miteinander vernetzten rationalen Areale den emotionalen Einhalt gebieten können und so den Konflikt für sich entschieden. Doch in der Adoleszenz, in der diese Balance noch nicht besteht, gehen moralische Erwägungen anders vonstatten als im Erwachsenenalter.

Das faire und kooperative Gehirn

An Sams und Susannes Schule wird ein Spieletag organisiert. Dabei kann jeder Punkte erzielen. Wer zum Schluss die meisten Punkte hat, gewinnt einen Computer. Um die Mittagszeit hat der dreizehnjährige Sam schon eine ganze Menge Punkte gesammelt, der Hauptgewinn scheint in Reichweite zu sein. Die fünfzehnjährige Susanne liegt ebenfalls gut im Rennen, auch sie träumt schon davon, den Computer zu ergattern. Beim nächsten Spiel verrechnet sich der Lehrer beim Punktezählen, so dass Sam versehentlich doppelt so viele Punkte bekommt, wie ihm zustehen. Super, denkt Sam, die Punkte bringen mich voran, und bald gehört der Computer mir. Susanne passiert dasselbe, doch sie hat damit Schwierigkeiten. Ihre Gegenspielerin war auch ziemlich stark, und obwohl Susanne es eigentlich nicht verdient hat, hat sie jetzt mehr Punkte als ihre Konkurrentin. Obwohl Susanne dadurch Gefahr läuft, ihre Punkte zu verlieren, entscheidet sie sich dafür, auf den Fehler aufmerksam zu machen. Ihr Lehrer weiß das sehr zu schätzen und gibt ihr dafür zusätzliche Bonuspunkte. Nun steht sie eigentlich besser da als vorher. Gut, dass sie ihrem Lehrer vertraut hat.

Wie treffen wir Entscheidungen, wenn wir dabei zwischen den Folgen für uns und für andere abwägen müssen? Was halten wir für fair und was für unfair? Wann kooperieren wir und wann nicht? Sam und Susanne unterschieden sich deutlich in ihren Beurteilungen fairer und unfairer Situationen. Sam freute sich, dass er so einfach Punkte einheimsen konnte, er ließ darüber die Konsequenzen für seine Gegenspieler völlig außer Acht. Er spielte nicht absichtlich unfair, er dachte einfach nicht daran, dass sich sein Verhalten auf andere nachteilig auswirken könnte, er hatte nur seinen eigenen Punktestand im Blick. Susanne war sich dagegen der Folgen für die anderen Spieler sofort bewusst. Sie wog ihren Gewinn im Falle ihres Schweigens gegen die Konsequenzen ab, die sich ergeben könnten, wenn sie auf den Fehler in der Punktezählung hinweisen würde. Sie riskierte dabei, die Punkte zu verlieren, doch letztendlich wurde ihre Ehrlichkeit belohnt, indem der Lehrer ihr Zusatzpunkte gab. An solchen Abwägungen sind verschiedene Hirnregionen beteiligt, die in ihrem Zusammenwirken das Ergebnis bestimmen. Bei Sam waren andere Hirnregionen aktiv als bei Susanne, daher traf er eine andere Entscheidung.

Mit Hilfe von Hirnscanverfahren hat man die Hirnregionen untersucht, die an solchen Abwägungen beteiligt sind. Man nutzte dazu speziell entwickelte Spiele, die Situationen wie jene von Sam und Susanne imitieren. Eines dieser Spiele ist das Ultimatumspiel. In der einfachsten Version sind zwei Spieler beteiligt, zwischen denen ein gewisser Geldbetrag, zum Beispiel zehn Euro, aufgeteilt werden soll. Der eine Spieler macht einen Vorschlag, den der andere annehmen oder ablehnen kann. Nimmt der andere den Vorschlag an, wird das Geld entsprechend aufgeteilt, lehnt er ihn aber ab, gehen beide Spieler leer aus. Der vorschlagende Spieler muss also gut überlegen, welches Angebot der andere möglicherweise annimmt und welches er vermutlich ablehnt. Bei einer fairen Verteilung, bei der jeder fünf Euro erhält, ist es sehr wahrscheinlich, dass der andere Spieler das Angebot annimmt und beide fünf Euro einkassieren. Wenn der eine Spieler jedoch den Vorschlag macht, acht Euro selbst zu behalten und dem anderen zwei Euro zu geben, ist die Wahrscheinlichkeit groß, dass der andere das Angebot ablehnt, auch wenn dann beide leer ausgehen. Der andere Spieler findet dieses Angebot einfach unfair, er gönnt es dem Gegenspieler nicht, sich acht Euro in die eigene Tasche zu stecken.

In einer Studie versuchte man zu klären, wie das Gehirn auf faire und unfaire Angebote reagiert. Dazu scannte man während des Spielablaufs das Gehirn des zweiten Spielers. Es zeigte sich, dass bei Teilnehmern, denen ein unfaires Angebot gemacht wurde (etwa acht Euro für den einen und zwei Euro für den anderen Spieler), eine Hirnregion im Vorderhirn aktiv wurde, die man Insula nennt. Diese Hirnregion hat offensichtlich starke Verbindungen zu Hirnregionen, die unser Nervensystem sowie den Herzschlag, die Atmung und die Schweißreaktion steuern. Oft wird sie auch beim Anblick eines angewiderten Gesichtsausdrucks oder in ekelerregenden Situationen aktiv, in denen etwas furchtbar stinkt oder scheußlich schmeckt. Wie wir in Kapitel 3 bereits sahen, wurde die Insula bei Erwachsenen auch bei der Frage aktiv, ob sie es für eine gute Idee hielten, mit Haien zu schwimmen. Ein unfaires Angebot regt also offensichtlich eine Hirnregion an, die immer dann aktiv wird, wenn wir uns aufregen, unser Nervensystem in Schwung kommt oder uns etwas widerwärtig ist. Es ist also gut möglich, dass unfaires menschliches Handeln dieselben Gefühle auslöst wie fundamental unangenehme Situationen. Ein faires Angebot, bei dem beide Spieler gleich viel Geld erhalten, regt dagegen die Aktivität in den Basalganglien an, dem ebenfalls schon in Kapitel 3 erwähnten Belohnungszentrum des Gehirns. Eine zweites wichtiges Ergebnis bestand darin, dass sich die Aktivität im dorsolateralen präfrontalen Kortex (siehe Kapitel 2), einem regulierenden/kontrollierenden Hirnareal, erhöhte, wenn der zweite Spieler ein Angebot annahm. Offenbar beginnen unsere kognitiven Hirnregionen bei der Annahme eines Angebots hart zu arbeiten.

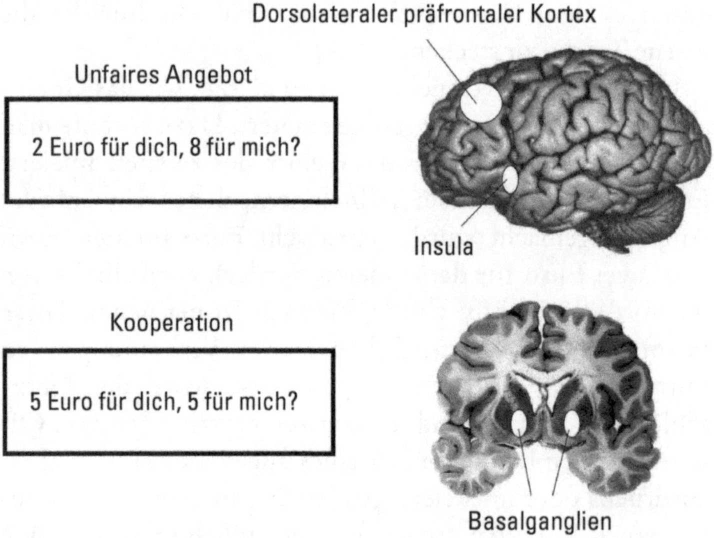

*Hirnregionen, die bei einem unfairen Angebot bzw. bei Kooperation aktiv werden. Nach Sanfrey u. a. (*Science, *2003) und van den Bos u. a. (Brain & Development Laboratorium, 2008)*

Interessanterweise haben wir in Verhaltensstudien in unserem Labor herausgefunden, dass Zehnjährige im Ultimatumspiel anders urteilen als Fünfzehn- oder Zwanzigjährige: Zehnjährige tendierten eher dazu, ein faires Angebot zu machen (»Fünf für dich, fünf für mich«), und nahmen nur faire Angebote an. Fünfzehn- und Zwanzigjährige waren in der Hälfte der Fälle bereit, ein Angebot »Sechs für mich und vier für dich« anzunehmen. Den wenigsten Zehnjährigen erschien das akzeptabel; sie entschieden sich eher dafür, dass beide leer ausgingen, als ein (in ihren Augen) unfaires Angebot anzunehmen. Diese Beobachtungen stimmen mit den Aussagen der grundlegenden Theorien von Piaget und Kohlberg überein, dass Kinder oft nach absoluten, vorgegebenen Regeln reagieren und höchst selten davon abweichen. Der dreizehnjährige Sam beispielsweise sah in seinen zusätzlichen Punkten einfach nur seinen Vorteil, ohne darüber nachzudenken, welche Bedeutung das für andere haben könnte. Im Alter zwischen zehn und fünfzehn lernen Jugendliche jedoch zu akzeptieren, dass in einer solchen besonderen sozialen Situation möglicherweise andere Verhaltensregeln gelten und vielleicht auch ein Sechs-zu-vier-Angebot akzeptabel sein könnte, weil der Teilende beim Teilen nun mal die Macht hat (oder welche Gründe man auch immer dafür anführen könnte, die sozialen Regeln neu zu definieren). Die fünfzehnjährige Susanne war bereit, darauf hinzuweisen, dass sie zu Unrecht Punkte bekommen hatte, weil ihr bewusst war, dass ihr Handeln Konsequenzen für andere haben würde. Während Sams Entscheidung vorwiegend von emotionalen Hirnregionen beeinflusst wurde, war an Susannes Entscheidung auch der rationale frontale Kortex beteiligt, der die unterschiedlichen Interessen gegeneinander abwog. Obwohl ihr emotionales Hirn ihr signalisierte, dass sie mit vielen Punkten einen Computer gewinnen würde, wiesen ihre rationalen Hirnregionen darauf hin, dass dieses Verhalten den andern gegenüber nicht zu vertreten wäre.

Das perspektivenübernehmende Gehirn

Am Beispiel des Ultimatumspiels haben wir gesehen, dass manche Hirnregionen für die Reflexion der Folgen wichtig sind (der dorsolaterale präfrontale Kortex) und andere auf mangelnde Fairness reagieren (die Insula) und dritte auf

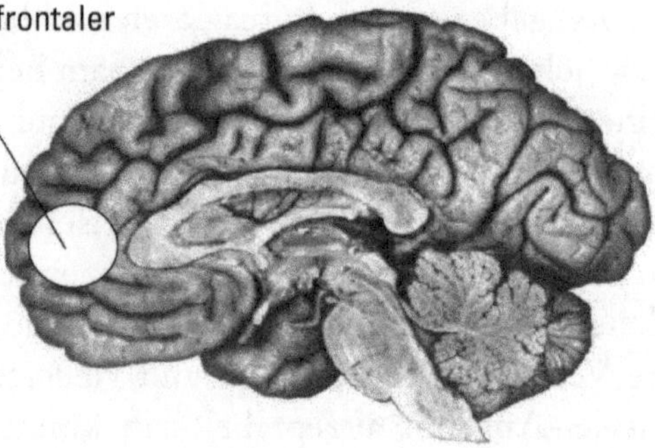

Abbildung des medialen präfrontalen Kortex.

Gewinne oder das angenehme Gefühl, mit anderen zu kooperieren (die Basalganglien). Eine Gruppe von Hirnarealen, die an Sams und Susannes zahlreichen Überlegungen beteiligt waren, haben wir bisher jedoch noch nicht thematisiert: diejenigen, die es uns ermöglichen, die Perspektive zu wechseln und uns in andere hineinzuversetzen. Eines der dafür wichtigsten Areale liegt im präfrontalen Kortex und wurde bereits in Zusammenhang mit den Studien zu moralischen Entscheidungen kurz erwähnt: der mediale frontale Kortex.

Der mediale frontale Kortex liegt im Zentrum des präfrontalen Kortex, zwischen dem kognitionsbezogenen lateralen frontalen Kortex und den emotionsbezogenen subkortikalen Strukturen, und daher äußerst günstig, um zwischen beiden Systemen zu vermitteln. Interesse am medial-frontalen Hirnareal weckte unter anderem die Arbeit von Utah Frith, nach deren Auffassung dieses Areal in der Theory of Mind beziehungsweise der Mentalisierung eine wichtige Rolle spielt. Diese Prozesse beschreiben die Fähigkeit, nachzuvollziehen, dass andere Menschen anders urteilen als man selbst, die Gedanken anderer zu interpretieren und die Handlungsabsichten anderer zu erkennen. In einer der ersten Studien zu den Hirnarealen, die für die Theory of Mind zentral sind, bat man die Teilnehmer, kurze Geschichten zu lesen, in denen der Protagonist notwendigerweise über die Gedanken eines anderen nachdenkt. Wenn Susanne sich zum Beispiel darüber Gedanken macht, ob sie darauf hinweisen soll, dass sie unverdient zu viele Punkte bekommen hat, bezieht sie in ihre Überlegungen mit ein, dass der Lehrer ihr Handeln anerkennen wird und ihre Klassenkameraden es ihr hoch anrechnen werden, wenn sie ihnen eine Chance gibt zu gewinnen. Sie denkt also über die Gedanken anderer nach.

Die Studie verglich die Hirnregionen, die beim Lesen von Geschichten aktiv wurden, in denen über die Gedanken anderer nachgedacht wurde, mit den Hirnregionen, die beim Lesen von Geschichten aktiviert wurden, in denen dies nicht nötig war (beispielsweise eine Geschichte, in der Susanne überlegt, ob sie mit dem Fahrrad oder dem Bus zur Schule fährt). Einige Hirnregionen waren vorwiegend bei den Theory-of-Mind-Geschichten aktiv. Zu ihnen zählt unter anderem der mediale frontale Kortex. Dieser spielt also eine entscheidende Rolle für eine Perspektivenübernahme und den Versuch, sich in die Gedanken anderer einzufühlen.

Welche Rolle spielt dieses Areal für unsere sozialen Beziehungen? Vieles ist hier noch unklar. Eine interessante Studie von Berna Guroglu und ihren Kollegen an der Radboud-Universität von Nijmegen erforscht, welcher Anteil diesen Hirnregionen an Freundschaftsbeziehungen zukommt. Sie bat eine Gruppe Jugendlicher, die gemeinsam in einem Orchester musizierten, an einer fMRT-Studie teilzunehmen. Vor dem Experiment machte sie von jedem Teilnehmer ein Foto und bat jedes Mitglied des Orchesters zu sagen, mit wem es befreundet war und mit wem es sich nicht so gut verstand. Aufgrund dieser Einteilung konnte sie positive Beziehungen zu anderen Orchestermitgliedern von neutralen oder negativen unterscheiden. Während die Probanden im Scanner lagen, zeigte man ihnen Fotos der anderen Orchestermitglieder und bat sie, mit Hilfe eines Joysticks anzugeben, ob sie diesen Personen näherkommen (Joystick nach vorn) oder ihnen aus dem Weg gehen wollten (Joystick nach hinten) oder ob sie ihnen neutral gegenüberstanden (Joystick in die Mitte). Die Ergebnisse dieser Untersuchung zeigten, dass der Anblick einer Person, zu der man eine positive Beziehung hat, die Aktivität in Belohnungsarealen wie dem Nucleus accumbens und in den Basalganglien sowie auch den im medialen Kortex gelegenen Arealen erhöht. Diese Aktivität war bei Personen, zu denen eine neutrale oder negative Beziehung bestand, geringer oder überhaupt nicht vorhanden. Die Forscher verglichen diese Aktivierungsmuster mit den Reaktionen auf Fotos berühmter Personen, mit denen die Teilnehmer ebenfalls positive oder negative Vorstellungen verbanden, zu denen sie jedoch keinerlei Beziehung hatten. Obwohl sich bei Bekannten und Berühmtheiten in der Tendenz sowohl positiv wie auch negativ derselbe Zusammenhang ergab, war die Aktivität im medialen frontalen Kortex beim Anblick von Freunden um ein Vielfaches höher als beim Anblick von Berühmtheiten. Der Blick auf Freunde löst also wie zu erwarten eine größere Aktivität in der Hirnregion aus, die uns zum Nachdenken über die Gedanken und Intentionen anderer motiviert.

Die Erkenntnisse über die Gehirne Erwachsener geben uns eine wesentliche Leitlinie für die Forschung zur Gehirntätigkeit Jugendlicher. Schon die Beobachtung wichtiger Veränderungen im Sozialverhalten Jugendlicher während der Adoleszenz wirft gemeinsam mit der Tatsache, dass wir heute ein Netzwerk von Hirnarealen identifizieren können, die das Sozialverhalten betreffen, eine Menge interessanter Fragen auf. Auf zwei dieser Fragen möchte ich im Folgenden eingehen. Es handelt sich um willkürlich ausgewählte Beispiele, mit denen ich Ihnen eine Vorstellung davon vermitteln möchte, auf welche Fragen wir in Zukunft Antworten finden können.

Beispiel 1: Prosoziale und antisoziale Freundschaften

Heute wissen wir zwar von der bedeutenden Rolle, die Freundschaften und Beziehungen zu Gleichaltrigen in der Adoleszenz spielen, aber was wissen wir eigentlich genau über deren Entstehung und Charakter? Soziometrische Fragebogen bieten eine Möglichkeit, Freundschaften zu klassifizieren. In diesen Fragebogen werden die einzelnen Mitglieder einer Gruppe (etwa einer Klassengemeinschaft) befragt, mit wem sie befreundet sind, wen sie ablehnen, wen sie sympathisch oder besonders unsympathisch finden. Eine solche Untersuchung wurde unter anderem in einer Langzeitstudie in Nijmegen durchgeführt. Dieses Verfahren zeigte, dass sich Freundschaften in unterschiedliche Kategorien einteilen lassen. Prosoziale Freundschaften sind von Kindern geprägt, die gern kooperieren und einander helfen. Jugendliche, die eine prosoziale Freundschaft verbindet, sind sich oft ähnlich und haben gemeinsame Interessen. Antisoziale Freundschaften sind dagegen von Kindern geprägt, die andere peinigen oder Peinigern helfen und sie unterstützen. Die dritte Gruppe besteht aus Kindern, die sozial zurückgezogen sind, sich jedoch besonders oft mit Kindern anfreunden, die prosozial sind und anderen helfen.

Offensichtlich haben diese unterschiedlichen Beziehungsmuster starke Auswirkungen darauf, wie Jugendliche eine soziale Situation bewerten, wie sensibel sie auf die Einschätzung anderer reagieren und ob sie bestimmte soziale Situationen meiden oder nicht. Wir wissen jedoch nicht, ob diese Jugendlichen sich auch darin voneinander unterscheiden, wie sie die Perspektiven anderer wahrnehmen. Es kann gut sein, dass die Kompetenz zur Perspektivenübernahme bei allen gleichermaßen zunimmt, dass sie aber unterschiedlich sensibel auf negatives und positives Feedback reagieren. Es wäre daher durchaus denkbar, dass sich diese Jugendlichen nicht aufgrund der unterschiedlich starken Aktivität ihres medialen frontalen Kortex unterscheiden, sondern dadurch, dass ihre emotionalen subkortikalen Hirnareale unterschiedlich sensibel auf die Folgen von Ablehnung und Akzeptanz reagieren oder die kognitiven Hirnareale (beispielsweise der dorsolaterale präfrontale Kortex) bei bestimmten Gruppen von Jugendlichen mehr oder weniger stark aktiviert werden.

Obwohl wir noch nicht wissen, wie die Unterschiede zustande kommen, können wir mit Hilfe von Hirnscanverfahren doch genauer einschätzen, welchen Anteil Hirnareale, die für gewisse psychologische Prozesse sensibel sind, an diesen Unterschieden haben. Viele dieser Fragen stellen Herausforderungen für zukünftige Forschung dar. Wenn man an das zu Anfang des Kapitels geschilderte Beispiel zurückdenkt, in dem der Einfluss Gleichaltriger eine gefährliche Situation heraufbeschwören konnte, wird deutlich, dass es sehr wichtig ist, diesen Fragen nachzugehen. Eine bessere Klärung dieser Fragen kann es uns ermöglichen, in Zukunft solche Situationen zu antizipieren.

Beispiel 2: Verliebtsein

Eigentlich kann sich jeder daran erinnern, wie es war, das erste Mal verliebt zu sein, wohingegen spätere Phasen der Verliebtheit in der Erinnerung manchmal ein wenig verblassen. Was macht diese erste Verliebtheit zu etwas so Besonderem? Nur die Tatsache, dass es uns zum ersten Mal erwischt, oder auch die Art, wie unser Gehirn in dieser Phase auf das Verliebtsein reagiert? Bis heute ist das ein Rätsel. Doch geben uns Studien zur Verliebtheit bei Erwachsenen einige interessante Aufschlüsse.

In einer dieser Studien untersuchten Wissenschaftler mit Hilfe eines fMRT, welche Hirnregionen jeweils aktiv werden, wenn frisch verliebte Teilnehmer das Foto der oder des Geliebten und Fotos von Freunden, mit denen sie keine romantische Beziehung verband, betrachten. Die gleiche Untersuchung führten sie bei jungen Müttern durch, denen sie Fotos des eigenen Babys und Fotos der Babys von Freunden zeigten. Der Blick auf das Foto des geliebten Menschen oder des eigenen Babys aktivierte emotionale Belohnungsareale im Gehirn, zum Beispiel die Basalganglien. Außerdem konnten die Forscher nachweisen, dass sich die Aktivität im medialen frontalen Kortex verringerte. Wie wir inzwischen wissen, spielt der mediale frontale Kortex beim Nachdenken über die Intentionen und Gedanken anderer eine wichtige Rolle. Die Wissenschaftler zogen daher den Schluss, dass diese Hirnregionen, die für das Nachdenken über Perspektiven maßgeblich sind, in Phasen der Verliebtheit oder beim Anblick des eigenen Babys unwichtig sind. Wichtig sind in dieser Zeit nur die primären Liebesregionen. Wenn wir daraus Rückschlüsse über die Verliebtheit in der Adoleszenz ziehen wollen, dann könnte dieses Ergebnis vielleicht erklären, warum das

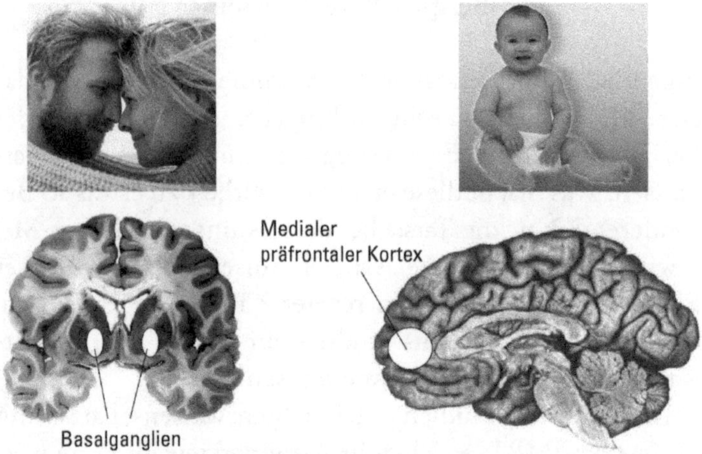

*Hirnregionen, die aktiv werden, wenn Verliebte ein Foto des geliebten Menschen (links) oder Mütter ein Foto ihres Babys (rechts) anschauen. Nach Bartels und Zeki (*Neuroimage, *2004).*

erste Verliebtsein so eindrücklich ist. Verlieben wir uns nämlich zu einer Zeit, zu der sich der mediale frontale Kortex noch in der Entwicklung befindet, die Belohnungszentren jedoch hypersensibel sind, könnte die Liebe aller Voraussicht nach um ein Vielfaches intensiver wirken. Diese äußerst spekulative Hypothese muss in zukünftigen Studien natürlich erst geprüft werden, bietet aber zumindest Stoff zum Nachdenken.

Zum Schluss: Die soziale Entwicklung aus evolutionärer Sicht

Wie die beobachtende Forschung zeigt, ist es ganz normal, dass sich Jugendliche stärker an der Anerkennung ihrer Freunde orientieren als Kinder. Piaget und Kohlberg vertraten sogar die Auffassung, die Entwicklung von Urteilsstadien in Bezug auf moralisch relevante Situationen werde nicht von den Eltern, sondern von Gleichaltrigen gefördert. Denn die Beziehung zu den Eltern sei unilateral (die Eltern sind mächtiger), die zu Altersgenossen dagegen mehr oder weniger gleichrangig. Doch diese These ist unter Wissenschaftlern umstritten. Ob Gleichaltrige ihre moralische Entwicklung also tatsächlich gegenseitig steuern, ist noch unklar. Es gibt nämlich auch Studien, die belegen, dass die moralischen Werte der Eltern durchaus zur moralischen Urteilsfähigkeit Jugendlicher beitragen. Eltern argumentieren oft von einem höheren moralischen Stadium her und können Jugendliche auf diese Weise in ihrer moralischen Entwicklung korrigieren. Doch wie dem auch sei, ob die moralische Entwicklung Jugendlicher nun von Eltern oder von Gleichaltrigen geprägt wird, es lässt sich nicht leugnen, dass sich die Rolle der Eltern in den Teenagerjahren verändert und Gleichaltrige im Leben Jugendlicher eine größere Rolle spielen. Worin liegt der Grund für diese Neuorientierung? Obwohl dies eine der grundlegendsten Fragen der menschlichen Entwicklung ist, hat die Wissenschaft bisher darauf keine Antwort gefunden. Warum vollziehen sich diese Veränderungen? Wozu sind sie gut?

Eine Hypothese stützt sich auf die Idee der evolutionären Reproduktion. Das Einsetzen der Adoleszenz fällt mit dem Einsetzen der Pubertät zusammen, in der Menschen, wie auch Tiere, die Sexualreife erlangen und die Fähigkeit zur Fortpflanzung entwickeln. Ein biologischer Umbruch in der Pubertät wird durch die Aktivität der Geschlechtshormone ausgelöst, die Veränderungen im äußeren Erscheinungsbild von Jungen und Mädchen bewirken. Ein anderer biologischer Umbruch in der Adoleszenz sind die Veränderungen in Hirnregionen, die es Jugendlichen ermöglichen, in sozialen Gruppen zurechtzukommen. Pubertät und Adoleszenz sind daher eng miteinander verknüpft, denn das Gehirn ist schließlich eines der zentralen Organe, auf die die Geschlechtshormone einwirken.

Jugendliche entwickeln in dieser Zeit zunehmendes Interesse am anderen Geschlecht. Während sich der Körper auf die Reproduktion vorbereitet, setzt im Gehirn ein Umformungsprozess ein, der Jugendliche zu einem Verhalten befähigt, das sie für Gleichaltrige attraktiv macht. Innerhalb ihrer sogenannten Peer Group lernen Jugendliche, auf eine Weise miteinander zu reden und sich zu verhalten, die in dieser Gruppe akzeptiert wird. Es ist auch eine Zeit, in der sie Sozialverhalten austesten, eine Lernphase, in der sie erkennen, was innerhalb ihrer Gruppe akzeptiert wird und was nicht.

Vermutlich wird die Veränderung im Sozialverhalten während der Adoleszenz durch ein evolutionäres System gesteuert, das bei Individuen mit Beginn der Geschlechtsreife eine stärkere Orientierung an Gleichaltrigen bewirkt. Diese Hypothese ist noch spekulativ, doch trägt die evolutionäre Reproduktion möglicherweise zur Entwicklung eines Systems bei, in dem Gleichaltrige an Bedeutung gewinnen und Eltern eine andere Rolle einnehmen.

In diesem Kapitel wollte ich eine Vorstellung davon vermitteln, wie sich der soziale Fokus während der Adoleszenz verschiebt und wie diese Verschiebung mit der Entwicklung des Gehirns zusammenhängt. Es ist sicher deutlich geworden, dass wir über die Entwicklung des sozialen Gehirns noch viel weniger wissen als über die des emotionalen oder lernenden Gehirns. Doch offensichtlich ergibt sich hier der gleiche Konflikt zwischen unterschiedlichen Hirnregionen: einerseits den emotionalen, die sensibel auf die Akzeptanz einer Gruppe, auf Kooperation und die Angst vor Ausgrenzung reagieren, und andererseits den rationalen, die sich an langfristigen Zielen und rationalen Überlegungen zu Fairness und Kooperation ausrichten. Einer Hirnregion scheint dabei eine Sonderrolle vorbehalten: dem medialen frontalen Kortex, der für Überlegungen über die Perspektiven anderer maßgeblich ist. Manche Forscher sind der Auffassung, in dieser Hirnregion sei das »soziale Gehirn« angesiedelt, das uns Menschen vom Tier unterscheidet und das bei Erwachsenen ausgeprägter ist als bei Jugendlichen. Es ist zu erwarten, dass man zukünftig noch eine Menge von diesem Hirnareal hören wird – wir arbeiten daran.

5
Das kreative Gehirn

Flexibles Gehirn, Potenzial im Überfluss!

In den vorangehenden Kapiteln haben wir einen Blick in das Gehirn Jugendlicher geworfen. Mit diesem Einblick wollte ich zeigen, wie sich Jugendliche von Erwachsenen in ihrer Art, zu planen, ihre Gefühle zu kontrollieren (oder sie gerade nicht zu kontrollieren!) und sich in einem permanent wandelnden sozialen Umfeld zu behaupten, unterscheiden. Das könnte den Eindruck vermitteln, Jugendliche seien in allen diesen Punkten weniger kompetent als Erwachsene und es sei wohl das Klügste, geduldig abzuwarten, bis das pubertierende Gehirn zu seiner reifen Form gefunden hat. Doch das wäre ein großes Missverständnis. Denn das Gehirn Jugendlicher bietet in der Adoleszenz eine Vielzahl einzigartiger Möglichkeiten, die Erwachsenen manchmal schon wieder verlorengegangen sind. Jugendliche sind oft viel kreativer, idealistischer und erfindungsreicher. Haben Sie schon einmal versucht, ein kompliziertes technisches Gerät in Gang zu bekommen, ohne sich sklavisch an die Bedienungsanleitung zu halten (was auch nicht immer Erfolg garantiert)? Bitten Sie einen Teenager um Hilfe, und Ihre Chancen stehen gut, dass das Gerät schon nach wenigen Minuten einsatzbereit ist. Was geht nur in den Teenagergehirnen vor? Schon eine einfache Planung bringt sie in größte Schwierigkeiten, und doch stecken sie voller Möglichkeiten für originelle Internetanwendungen, Think-Tank-Lösungen und technische Glanzleistungen. Ihr Gehirn hat nicht nur Grenzen, es hat vor allem ein großes Potenzial!

Im ersten Kapitel wurde erläutert, dass das Gehirn eines Teenagers noch starken strukturellen Veränderungen unterworfen ist. Sie betreffen vor allem das Mengenverhältnis von grauer und weißer Substanz, aus der sich das Gehirn zusammensetzt. Während die graue Substanz aus leistungsfähigen Gehirnzellen besteht, sorgt die weiße Substanz für die Verbindungen zwischen ihnen. Wie wir gesehen haben, durchläuft die graue Substanz einen ungewöhnlichen Entwicklungsprozess: Zunächst nimmt sie in einem bestimmten Areal zu und steigert damit ihre Leistungsfähigkeit beträchtlich. Später kommt es im selben Areal zu einem Abbau der grauen Substanz, womit wiederum die Effizienz gesteigert wird. Unnütze Verbindungen werden gekappt, um für stärkere Platz zu schaffen. Aus einem Gewirr konkurrierender Zellen bleiben nur diejenigen Zellen und Verknüpfungen erhalten, die am besten funktionieren. Zugleich bilden sich immer mehr Verbindungen (innerhalb der weißen Substanz), so dass es statt vormals verschlungener Pfade mit vielen unnötigen Verzweigungen nun superschnelle und effiziente Wege von A nach B gibt. Diese Umstellung findet in unterschiedlichen Hirnarealen zu unterschiedlichen Zeiten statt. In den für Kreativität, Erfindungsreichtum, Musikalität, Sport und soziales Engagement maßgeblichen Hirnregionen werden die Verbindungen in der Adoleszenz allerdings am spätesten gestutzt.

Gehören Sie zu den Eltern, denen es vorkommt, als würden heute an höheren Schulen viel schwierigere mathematische Probleme behandelt als früher? In Wahrheit sind die mathematischen Probleme nicht schwieriger geworden, aber das Gehirn eines Jugendlichen kann sich durch Training schneller auf sie einstellen. 2004 untersuchten Forscher bei einer Gruppe von Jugendlichen und Erwachsenen die Hirnregionen, die auf Rechentraining sensibel reagieren. Die Teilnehmer wurden in dieser Studie gebeten, sich vier Tage lang intensiv im Lösen von Gleichungen zu üben. Vor und nach ihrem Rechentraining wurde ihr Gehirn gescannt, um zu sehen, welche Hirnregionen beim Rechnen aktiv waren. Wie nicht anders zu erwarten war, beanspruchten die mathematischen Aufgaben stark die kognitiven Hirnregionen des Kortex: den frontalen Kortex (vorn im Schädel, der wichtig ist, um Informationen präsent zu halten) und den parietalen Kortex (hinten im Schädel, der für die Repräsentation von Zahlen wichtig ist). Nach dem viertägigen Training hatte sich die Beanspruchung dieser Hirnregionen beim Lösen der Gleichungen verringert, wobei sich das Gehirn der Jugendlichen wesentlich schneller als das der Erwachsenen auf das Rechnen eingestellt hatte. Um zu den gleichen Ergebnissen zu gelangen, nutzten die Teenager die kognitiven Areale nach dem Training weniger als die Erwachsenen. Denn ihre nicht völlig ausgereiften Gehirne knüpften noch sehr flexible Verbindungen. Erwachsene haben zwar schnelle und solide Verbindungen, die es ihnen erleichtern, Informationen präsent zu halten und Handlungen zu planen, doch das Gehirn eines Teenagers lässt Raum für Seitenpfade und kann sich daher in einer Lernphase besser anpassen.

Der strukturelle und funktionale Wandel des Gehirns sorgt offenbar für eine einzigartige Flexibilität, die Jugendliche in der Adoleszenz dazu befähigt, sich hervorzutun, überraschende Lösungen für Probleme zu finden, einen

Schwung zu entwickeln, den Erwachsene kaum aufbringen können, Erfindungen zu machen, Talente zu entfalten, sportliche Höchstleistungen zu vollbringen und noch vieles andere mehr! Wir sollten uns ein für alle Mal von der Vorstellung verabschieden, das Gehirn eines Teenagers sei ein »schwieriges« oder »problematisches«. Ich gebe in diesem Kapitel daher der Darstellung einiger einzigartiger Talente Jugendlicher Raum. Die im Folgenden geschilderten Beispiele gehen auf tatsächliche Begebenheiten zurück, die Situationen und Namen wurden jedoch verändert und dienen nur der Illustration.

Clevere User

Viele Eltern sind über die Internetnutzung ihrer Kinder im Teenageralter besorgt. Natürlich nicht ohne Grund; denn die unendliche Zahl von Websites macht es unmöglich, einen Überblick über alle Sites zu behalten, die Jugendliche anklicken – zumal Teenager nicht nur wesentlich mehr Stunden vor dem Computer sitzen als ihre Eltern, sondern auch viel versierter im Navigieren und Nutzen von Internetprogrammen sind. Für sie ist es wichtig, im Netz aktiv zu sein; der virtuelle Treffpunkt ist ein unentbehrlicher Teil ihres sozialen Lebens. Welcher Teenager ist heute nicht auf Facebook oder einer anderen sozialen Plattform präsent; ohne gutes Profil verpasst man eine Menge. Kurzum, das Internet ist aus der Welt der Jugendlichen nicht mehr wegzudenken.

Einige Teenager nutzen es clever. Patrick, fünfzehn Jahre, war im Computerspielen schon immer gut. Schon in der

Grundschulzeit verbrachte er allein oder mit Freunden ganze Nachmittage mit »Games« vor dem Computer. Nachdem er einen eigenen Computer bekommen hatte, der mehr als nur einfache Spiele beherrschte, entdeckte er auch andere Möglichkeiten in ihm. Sein erstes Geschäft wickelte er über ein Online-Portal ab. Damals gab es im Sommer einen echten Fußball-Hype. In der Schule tauschten und verkauften die Schüler Fußballbilder. Patrick stieß im Internet auf ein günstiges Angebot für eine große Serie Fußballbilder: fünfzig Stück für fünf Euro. Er fragte seinen Vater, ob er sie kaufen dürfe, und der erlaubte es ihm. Der Verkäufer wohnte offensichtlich um die Ecke. Patrick nahm also dessen Angebot an und fuhr noch am gleichen Abend mit dem Fahrrad bei ihm vorbei, um die Bilder abzuholen. Am nächsten Tag verkaufte er über fünfundzwanzig Bilder für je fünfzig Cent, das war schnell verdientes Geld. Später fand er billige Tickets für Popkonzerte, CD-Hüllen, Handy-Gadgets usw., die er kaufte und mit Gewinn verkaufte. Obwohl Patrick erst in die achte Klasse des Gymnasiums ging, war er schon ein richtiger Geschäftsmann.

Nach einiger Zeit hatte er diese kleinen Geschäfte satt. Die Investitionen stellten jedes Mal ein Risiko dar und waren nicht immer lohnend. Es musste doch eine Möglichkeit geben, das geschickter anzugehen. Patrick machte ein Brainstorming. Wenn es um Computer ging, fragten ihn seine Mitschüler oft um Rat, wo die besten Ersatzteile oder die billigsten Angebote zu finden waren. Das brachte Patrick auf die Idee, eine Website zu erstellen, auf der man verschiedene Läden empfehlen und vergleichen konnte. Er baute die Seite auf, ließ sie von einigen Freunden testen und sorgte dafür, dass er in den Suchmaschinen auf den vorderen Plätzen landete. Er zählte die Besucher, und deren Zahl stieg rasant. Er beschloss, sein Angebot zu erweitern und auch Läden außerhalb seines Wohnortes in die Bewertung einzubeziehen. Nun ging es plötzlich rasend schnell, seine Website war ein Hit. Per E-Mail fragten erste Computerläden an, ob sie ihr Logo auf der Website plazieren könnten. Patrick beschloss, das professionell anzugehen. Er schrieb eine ganze Reihe von Unternehmen gleichzeitig an und schickte eine Anzeigen-Preisliste mit. Für ihn war es nicht wichtig, an den Anzeigen viel zu verdienen, daher konnte er ihnen einen fairen Preis anbieten, bei dem die Unternehmen begeistert zugriffen. In Rücksprache mit seinem Vater entschloss sich Patrick, seine Website in ein ordentliches Unternehmen zu überführen und es bei der Industrie- und Handelskammer anzumelden. Er erhielt eine Umsatzsteuernummer, erstellte Rechnungen in Excel und ließ seinen Vater einmal wöchentlich die Buchhaltung kontrollieren. Der Gewinn floss in Strömen.

Mittlerweile hat sich Patricks kleines Unternehmen zu einer Website gemausert, auf der man sich nicht nur Computer, sondern auch Handys und digitale Terminplaner anschauen und vergleichen kann. Patrick geht jetzt in die zehnte Klasse des Gymnasiums und investiert fast seine ganze Freizeit in sein Unternehmen. Seine Fächerkombination hat er komplett darauf abstimmt: Wirtschaft und Technik sind seine Lieblingsfächer. Schon denkt er über neue Internetfirmen nach, mit denen sich der Markt für Mopeds, Fahrräder und Urlaubsreisen sichten lässt. Viele Internetunternehmen gehen derzeit bankrott, doch Patricks Firma floriert wie nie zuvor. In einigen Jahren – so seine Wunschvorstellung – soll sie zum größten Internetunternehmen der Niederlande aufgestiegen sein.

»Wie bekommt Patrick das nur hin?«, wird sich wohl mancher Unternehmer fragen. Wahrscheinlich gehören eine gute Idee, die Gelegenheit, sie umzusetzen, und eine gehörige Portion Glück dazu. Drei Ingredienzen, die für das Denken Jugendlicher kennzeichnend sind.

Eine gute Idee erfordert eine ausgeprägte Fähigkeit zu kreativem Denken, zu einem Denken fern ausgetretener Pfade, das nicht sofort jedes mögliche Szenario als unsinnig verwirft. Wie kommt unser Gehirn auf diese kreativen Einfälle? Viel weiß man noch nicht darüber. Kreativität lässt sich nur schwer messen, weshalb es bisher nur wenige Studien gibt, die sie mit Hilfe von Gehirnscanverfahren erforschen. Wissenschaftler haben jedoch entdeckt, dass ein gut funktionierender frontaler Kortex für die Entwicklung kreativer Ideen mitunter hinderlich sein kann. Patienten, deren frontaler Kortex geschädigt ist, entwickeln hingegen manchmal besondere Talente, zum Beispiel ein Talent zu künstlerischem Schaffen. Wozu sie erstaunlicherweise vor der Schädigung ihres Gehirns nicht in der Lage waren. Natürlich geht die Hirnschädigung mit einer Reihe von Einschränkungen einher, doch die Patienten machen mit ihren neuen Talenten auch beglückende Erfahrungen. Der frontale Kortex steuert zielgerichtetes Handeln und hemmt unerwünschte Handlungen und Gedanken. Er ist grundlegend für die Fähigkeit gut, zu planen und zu urteilen. Wie wir wissen, durchläuft der frontale Kortex in der Adoleszenz noch einen Veränderungsprozess, während viele andere Hirnregionen schon vollkommen ausgereift sind. Möglicherweise fördert das Zusammenspiel des noch nicht völlig ausgereiften frontalen Kortex mit anderen, gut funktionierenden Hirnregionen die Entstehung einer einzigartigen kreativen Phase. Denn schließlich werden Handlungen und Gedanken in dieser Zeit nicht so stark gehemmt,

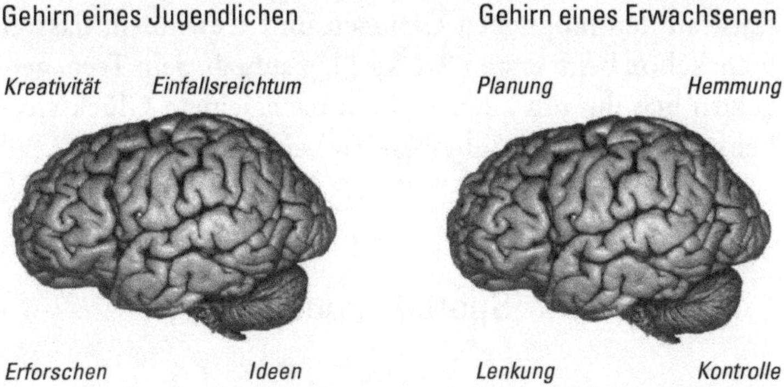

Charakteristika des Gehirns eines Jugendlichen und eines Erwachsenen.

und die Planungen sind nicht völlig durchstrukturiert, was Jugendlichen die Gelegenheit eröffnet, sich in ihrem Denken außerhalb vorgezeichneter Bahnen zu bewegen.

Patrick profitierte beim Aufbau seines Unternehmens nicht nur davon, dass sein frontaler Kortex nicht alle seine Ideen abblockte, er konnte seinen Ideen auch freien Lauf lassen. Er wohnte noch zu Hause, sein Vater war bereit, ihm bei den bürokratischen Angelegenheiten des Unternehmens zur Seite zu stehen, und Patrick musste nicht für feste Mietkosten oder Angestellte aufkommen. Sein behütetes Umfeld und die Unterstützung seiner Eltern erlaubten ihm einen risikolosen Start seines Unternehmens, bei dem sein Vater als »externer« frontaler Kortex fungierte: Er bot Patrick bei jenen organisatorischen Aufgaben seine Hilfe an, für deren Erledigung Patricks eigener frontaler Kortex noch nicht strukturiert genug arbeitete. Und schließlich gehört das Quentchen Glück dazu, das jeder zur Verwirklichung einer Idee braucht. Patricks Gehirn orientierte sich beim Aufbau seines Unternehmens noch so stark an den möglichen Chancen und Gewinnen, dass er nicht schon beim ersten Rückschlag aufgab. Sein Teenagergehirn ließ ihn mit allen Kräften nach seinem Glück streben, ohne sich von Widerständen beirren zu lassen.

Sportskanonen

Das Gehirn eines Jugendlichen ist nicht nur besonders kreativ und einfallsreich, auch in sportlicher Hinsicht sind Teenager oft wahre Könner. Wie zum Beispiel Alexandra: Von klein auf war sie versessen auf Musik und Tanz. Schon als Kleinkind im Laufstall bewegte sie sich lebhaft zu jeder Art von Musik. Im Kindergartenalter erhielt sie ihre ersten Tanzstunden. Ihre Eltern erkannten schnell ihre Begabung, Tanzschritte zu erlernen. Doch solange sie die Grundschule besuchte, beschränkten sie ihren Unterricht auf wöchentliche Tanzstunden und Jazzballett. Alexandra war ein fröhliches und offenes Kind, mit einer leidenschaftlichen Liebe zur Musik.

Als sie zehn Jahre war, kam der Moment, der ihr Leben für immer veränderte. Alexandras Tante, die sie in den Schulferien betreute, hatte sie auf die Eisbahn mitgenommen. Auf geliehenen Schlittschuhen zog sie ihre ersten Runden übers Eis, und sofort war sie hellauf begeistert. Sie fand es herrlich, sich auf Schlittschuhen zu bewegen. Gleich nach den Ferien bekniete sie ihre Eltern, Eiskunstlaufunterricht nehmen zu dürfen. Ihre Eltern waren davon anfangs nicht besonders angetan, denn die Eislaufbahn lag nicht gerade um die Ecke. Weil Alexandra es sich aber so sehr wünschte, gaben sie schließlich nach.

Im ersten Jahr lief sie auf geliehenen Schlittschuhen. Aber schon bald konnte man sehen, dass Eiskunstlauf ihre ganze Leidenschaft war. Also bekam sie zu ihrem elften Geburtstag ihr eigenes Paar. Alexandra trainierte ausdauernd und begann an lokalen Wettkämpfen teilzunehmen. Sie trug jedes Mal den Sieg davon und wurde schließlich von Trainern zur Teilnahme an einem nationalen Trainingsprogramm eingeladen. Das bedeutete zwar, dass sie nun all ihre Freizeit dem Schlittschuhlaufen widmen musste, doch das war für sie kein Opfer, denn sie verbrachte ihre Freizeit ohnehin am liebsten auf der Eisbahn.

Unter der Ägide ihres neuen Trainers war Alexandras Talent auf dem Eis nicht mehr zu übersehen. Ihre Kür wurde schon bald um komplizierteste Sprünge und Pirouetten erweitert, und die Wettkämpfe, an denen sie teilnahm, hatten hohes Niveau. Mit dreizehn gewann Alexandra ihren ersten großen Wettbewerb, und im Alter von vierzehn und fünfzehn betrachtete man sie als die absolute Meisterin des Eiskunstlaufs.

Sportliche Talente kommen in der Adoleszenz oft am besten zur Geltung. Alexandra hatte wahrscheinlich schon immer eine Begabung zum Schlittschuhlaufen, aber erst als ihre körperliche Entwicklung so weit gediehen war, dass sie die schwierigsten Sprünge meistern konnte, und ihre Motivation groß genug war, um Wettbewerbe zu gewinnen, konnte sie diese Leistung abrufen. Die Fortschritte, die sie in drei Jahren gemacht hatte, würden einem Erwachsenen im gleichen Zeitraum kaum gelingen. Nur wenige Sportler beginnen mit dem Training erst im Alter von zwanzig Jahren oder später; offenbar gibt es einen einzigartigen Zeitraum, in dem sich unser Körper am besten zu einer athletischen Form entwickeln kann. Wir sehen das

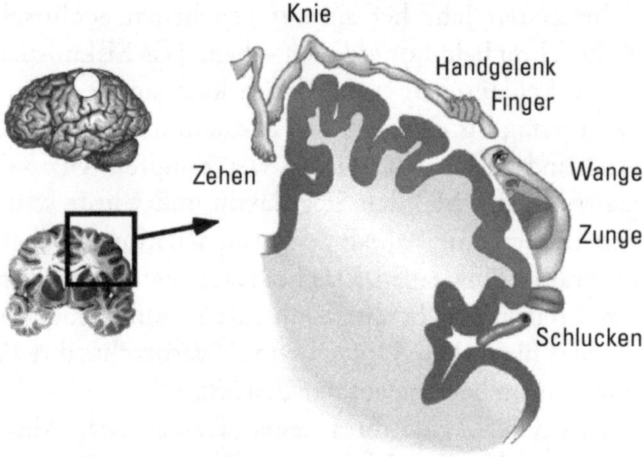

Darstellung des somatosensorischen Kortex. Unterschiedliche Bereiche repräsentieren die Empfindungsfähigkeit für bestimmte Körperteile.

bei vielen Bewegungssportarten; Jugendlichen fällt es oft sehr leicht, Aerobic, Schwimmen, Eishockey oder irgendwelche anderen Sportarten zu erlernen.

Doch über das sportliche Talent entscheidet nicht nur die körperliche Konstitution, auch das Gehirn spielt dabei eine wichtige Rolle. Als Alexandra zum ersten Mal auf Schlittschuhen stand, bemühten sich ihre Motoneurone darum, ihre Bewegung möglichst gut zu koordinieren. Die Motoneurone sind im motorischen Kortex angesiedelt, einem langgestreckten Hirnareal, das die Bewegung steuert. Der motorische Kortex erstreckt sich über die gesamte Achse des Gehirns und bildet den hinteren Bereich des frontalen Kortex.

Alle Teile unseres Körpers sind in dieser Hirnregion repräsentiert, deren einzelne Abschnitte jeweils andere Körperteile ansteuern. Die Gehirnzellen im motorischen Kortex stehen mit denen im prämotorischen Kortex in Verbindung, einem Areal, das etwas weiter vorn im Gehirn liegt, zwischen dem »rationalen« frontalen und dem motorischen Kortex. Der prämotorische Kortex hat also eine ideale Lage, um Bewegungen zu planen. Beim Planen einer Bewegung senden die Gehirnzellen im prämotorischen Kortex Signale an die Gehirnzellen im motorischen Kortex. Wenn Alexandra zum Beispiel auf dem Eis zu einem Sprung ansetzt, wird dieser Sprung im prämotorischen Kortex vorbereitet; er sendet Signale an den motorischen Kortex, der dann seinerseits ihre Arme und Beine miteinander koordiniert. So kann Alexandra den Sprung mit großer Präzision ausführen.

Vor etwa fünfzehn Jahren machten Forscher in Italien eine wichtige Entdeckung. Sie erkannten, dass bei einem Affen bestimmte Gehirnzellen, die normalerweise aktiviert werden, wenn er eine Nuss aufheben will, auch dann aktiv wurden, wenn er nur dabei zusah, wie einer der Forscher eine Nuss aufhob. In ihrem Gehirn äfften die Affen die Bewegung des Forschers nach. Die Gehirnzellen, die diese Spiegelung vornahmen, nannte man »Spiegelneurone«. Nicht nur Affen, auch Menschen haben Spiegelneurone, sie befinden sich im prämotorischen Kortex. Während eines Aerobic-Kurses beispielsweise sind die motorischen Gehirnzellen nicht nur dann aktiv, wenn man sich selbst bewegt, sie feuern schon, wenn man den Bewegungen des Aerobic-Lehrers lediglich zuschaut. Die Spiegelneurone ahmen die Bewegung anderer nach.

Das »Mitbewegen« der Spiegelneurone hat beim Erlernen neuer Bewegungen eine wichtige Funktion. Je besser die Spiegelneurone imitieren können, desto leichter erlernen wir neue Bewegungen. Alexandras Spiegelneurone

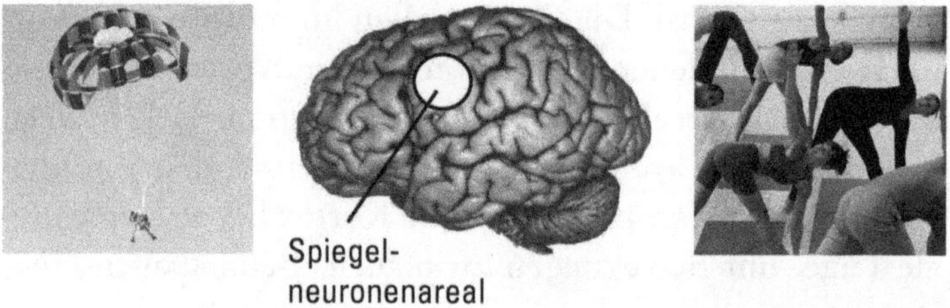

Darstellung eines Spiegelneuronenareals. Dieses Areal wird aktiv, wenn man anderen bei Aktivitäten wie zum Beispiel Aerobic zuschaut.

haben ihr sehr dabei geholfen, neue Sprünge und Bewegungen einzuüben. Schon allein durch das Beobachten der Sprünge aktivierte sie ihr Gehirn, und das half ihr, all diese Sprünge nachzuahmen. Bisher gibt es keine Studien, die die Funktionsweise von Spiegelneuronen bei Erwachsenen und Jugendlichen vergleichen, doch die Schnelligkeit, mit der Jugendliche neue Sportarten erlernen, ist ein Indiz dafür, dass ihre Spiegelneurone für die Auffassung neuer Bewegungen hochsensibel sind. Zudem ist ihr Gehirn, wie wir in Kapitel 3 bereits gesehen haben, gut dafür gerüstet, Neues auszuprobieren, denn die für Risiken und Mut wichtigen Hirnareale sind bei Teenagern hyperaktiv. Für Jugendliche in der Adoleszenz ist es eher reizvoll als beängstigend, Sprünge und Bewegungen auszuprobieren. Denken Sie nur an die Kühnheit, derer es bedarf, snowboarden oder skateboarden zu lernen. Während Erwachsene noch ängstlich zögern, verspüren Jugendliche beim Lernen dieser neuen Bewegungsabläufe oft einen Kick, ohne die Gefahr wirklich wahrzunehmen. Die Fähigkeit, gut zu spiegeln, und eine Extraportion Mut versetzen sie in die Lage, sich schnell zu jungen Sportskanonen zu entwickeln.

Musikalische Talente

Ebenso wie sportliche zeigen sich musikalische Talente oft schon in jungen Jahren. Mozart gab sein erstes Konzert als Fünfjähriger, und Beethoven feierte als Siebenjähriger seine ersten Erfolge als Pianist. Doch oft findet eine überragende musikalische Begabung ihren Weg erst in der Adoleszenz. Erst wenn Jugendliche die Größe ihres Talents selbst erkennen und dessen Bedeutung für andere zu schätzen lernen, ziehen sie aus ihrer musikalischen Begabung das Maß an Erfüllung, das sie brauchen, um sich ihr leidenschaftlich zu widmen. Mozart hatte zwar schon als Kind Symphonien komponiert, seine größeren und berühmteren Werke entstanden allerdings erst in seiner Teenagerzeit. Heute nehmen Konservatorien und Schulen für junge Talente nur Schüler auf, die das Teenageralter erreicht haben. Die Jugendlichen erhalten dort eine Ausbildung, in der der »normale« schulische Unterricht und ihre Musikstunden so aufeinander abgestimmt werden, dass sie die Chance haben, ihre musikalische Begabung zu entfalten.

Die Entwicklung musikalischer Talente in der Adoleszenz ist nicht auf den Bereich der klassischen Musik beschränkt. Auch moderne Bands, in denen Jugendliche ihre musikalischen Fähigkeiten ausprobieren und ausbauen, werden meistens in der Teenagerzeit gegründet. Offenbar ist das Gehirn Jugendlicher gut dazu geeignet, musikalisches Talent zur Entfaltung zu bringen. Im Vergleich zu Kindern haben Jugendliche nicht nur einen stärker ausgeprägten Sinn für ihr Talent, da sich ihr sozialer Horizont erweitert und sie lernen, die Perspektive anderer einzunehmen und die mögliche Bedeutung ihrer Begabung für ihre Mitmenschen zu erkennen, sie entwickeln darüber hinaus ihre eigene Weltsicht, die in ihre musikalische Ausdrucksfähigkeit einfließt und zu originellen Kompositionen führen kann. Nicht umsonst werden mit jeder Teenagergeneration immer wieder neue musikalische Stilrichtungen kreiert.

Wie die Entwicklung des Gehirns genau zur Entfaltung eines Talents beiträgt, ist noch nicht bekannt. Früher dachte man, durch die richtige Anregung könnte sich jedes Kind zu einem musikalischen Talent entwickeln. Was dazu führte, dass ehrgeizige Eltern ihre Kinder unzählige Stunden üben ließen in der Hoffnung, dass sie sich zu Stars entwickelten. Inzwischen ist die Forschung von dieser Vorstellung abgekommen. Sicherlich ist Anregung für die Entfaltung einer Begabung wichtig, doch bedarf es zusätzlich einer sogenannten genetischen Prädisposition. Alle Menschen werden mit einer genetischen Ausstattung geboren, die uns im Zusammenwirken mit den Erfahrungen, die wir nach der Geburt machen, zu einzigartigen Individuen werden lässt. Wahrscheinlich ist unser Gehirn von vornherein so geformt, dass wir bestimmte Wege leichter, andere mühsamer beschreiten. Daher fällt es dem einen leicht, Klavierspielen zu lernen, während der andere auch nach Hunderten von Unterrichtsstunden noch so spielt, dass einem die Ohren weh tun. Doch wie diese Unterschiede im Gehirn zustande kommen und wie sich das Gehirn während des Übens anpasst, weiß man noch nicht.

Was man jedoch weiß, ist, dass bestimmte Hirnregionen für das Musizieren sensibel sind. Klavier zu spielen erfordert beispielsweise eine gute Bewegungskontrolle der Finger. Man muss die Kraft und die Haltung der Handbewegung sehr präzise koordinieren und den Bewegungsablauf in spezifischer Weise planen können. Forscher haben untersucht, welche Hirnregionen an dieser Bewegungskontrolle beteiligt sind, und sind dabei der Frage nachgegangen, ob sich hierbei zwischen erfahrenen und weniger erfahrenen Musikern Unterschiede ergeben. Es zeigte sich, dass die Repräsentation der Finger in einem Areal des motorischen Kortex liegt. Wie bereits erwähnt, zieht sich der motorische Kortex wie ein Streifen durch das Gehirn, auf dem alle Teile unseres Körpers, also auch unsere Hände und Finger, repräsentiert sind. Unseren Fingern entspricht sogar ein ziemlich großer Bereich, denn eine Vielzahl von Nerven ist dafür zuständig, dass sie besonders feinfühlig sind. Aus diesem Grund können wir deutlich unterscheiden, ob uns jemand am Ring- oder Mittelfinger berührt. Bei einer Berührung am Rücken oder Oberarm fällt es uns hingegen viel schwerer, die berührte Stelle genau zu identifizieren, denn dem Rücken oder Oberarm entsprechen im motorischen Kortex wesentlich weniger Nervenzellen. Das Areal, das die Finger repräsentiert, reagiert hinsichtlich seiner Ausdehnung sensibel auf Erfahrung und Übung; es ist, mit anderen Worten, überaus plastisch. Forscher haben erkannt, dass sich bei Affen, deren Zeige- und Mittelfinger verbunden wurden, die Hirnregion, die diese beiden Finger repräsentiert, nach einer Weile zusammenzog. Ring- und Mittelfinger wurden nicht mehr an unterschiedlichen Stellen repräsentiert und waren bei Berührung nicht mehr voneinander zu unterscheiden. Bei Musikern funktioniert das im Prinzip ebenso, wobei ihre Finger im motorischen Kortex freilich besonders stark repräsentiert sind. Das ist nicht erstaunlich, denn da sie tagtäglich mit ihren Händen üben, haben sie ihre Hirnregionen besonders gut darauf trainiert, die Empfindungen einzelner Finger voneinander zu unterscheiden. Interessant ist auch, dass sich bei Musikern, die schon in jungen Jahren musiziert haben, eine stärkere Repräsentation der Finger im motorischen Kortex erkennen lässt als bei Musikern, die später mit dem Musizieren begonnen haben.

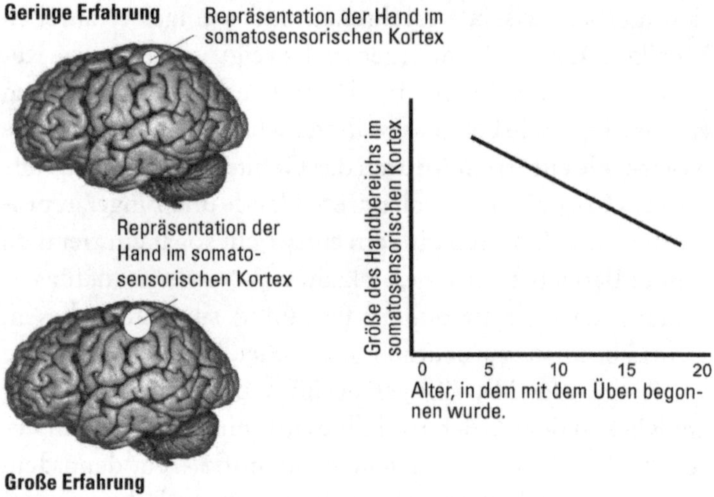

*Repräsentation des Handbereichs von Musikern mit geringer oder großer musikalischer Erfahrung im somatosensorischen Kortex (links). Je früher mit dem Musizieren begonnen wurde, desto größer ist die Repräsentation des Handbereichs (rechts). Nach Pantev u. a. (*Annuals of the NY Academy of Science, *2001)*

In der Jugend ist der motorische Kortex also noch sehr plastisch und flexibel. Daher eignet sich diese Zeit besonders dazu, ihn in Hochform zu bringen. Im Teenageralter sind die Hirnregionen, die für die Repräsentation des musikalischen Handelns maßgeblich sind, noch sehr gut formbar, und es gelingt den Jugendlichen immer besser, ihr Talent auf ihr soziales Umfeld abzustimmen. Daher sind Teenager auch eine dankbare Zielgruppe für Festivals, Talentwettbewerbe, Kunst- und Kulturprojekte. Glücklicherweise, denn zur Stimulation musikalischer und künstlerischer Talente ist keine Zeit so geeignet wie die Adoleszenz.

Politische Impulsgeber

Abschließend noch ein paar Worte zu einem letzten überragenden Talent Jugendlicher: zu ihrer Fähigkeit, zu debattieren und zu diskutieren. Wenn man bedenkt, dass Teenager kreative Denkwunder sind, die immer stärker am gesellschaftlichen Leben Anteil nehmen, scheinen sie wie kaum eine andere Gruppe dazu prädestiniert, zur Lösung politischer Probleme beizutragen. Das ist vor allem für sie selbst von Bedeutung, wenn es um Veränderungen im Schulsystem oder in außerschulischen Jugendprojekten geht. Hier sollten nicht nur die Lehrkräfte, sondern unbedingt auch die Jugendlichen selbst zu Wort kommen. Das Schulsystem hat sich in den letzten Jahren stark verändert. Daher stellt sich neuerdings die Frage, ob die Jugendlichen durch die Anforderungen, die an ihre noch nicht voll ausgereifte Selbständigkeit gestellt werden, nicht überfordert sind. Dabei geht es vor allem um Fragen wie: »Müssen sich Jugendliche nicht zu früh für eine bestimmte Fächerkombination entscheiden?« (Profilwahl) und »Überfordern wir Jugendliche mit unserer Erwartung einer selbständigen Planung, die Schülern mit durchschnittlichen oder geringeren intellektuellen Fähigkeiten doch Probleme bereiten könnte?«. Angesichts dieser Situation wäre einerseits eine systematische Analyse der Bildungssysteme vonnöten, um Interventionen auf Studien zu stützen, aus denen hervorgeht, welche Schulformen sich für welche Jugendlichen am besten eignen. Andererseits kann es sehr fruchtbar sein, betroffene Jugendliche in das Gespräch mit einzubeziehen und sie an der Umgestaltung der Bildungssysteme zu beteiligen.

Denken Teenager eigentlich über gesellschaftliche Probleme nach? Obwohl es ihnen vielleicht nicht so wichtig ist, ihre Ideen in Diskussionen mit Erwachsenen zu äußern, diskutieren sie untereinander sehr wohl darüber. Einmal kam ich als Gast bei der Abschlussfeier einer weiterführenden Schule mit einigen Schülern ins Gespräch, die gerade ihr Diplom bekommen hatten. Auf meine Frage, was sie von ihrer Schule am stärksten vermissen würden, sagten sie, dass ihnen ihre Diskussionsgruppen am meisten Spaß gemacht hätten. In den Pausen und Freistunden hatten sie politische Probleme gewälzt, die nicht gerade zu den geringsten zählten. Sie diskutierten, wie man den Krieg im Irak beenden sollte, warum ein Rauchverbot in Gaststätten sinnvoll oder unsinnig wäre, und lösten in den verbleibenden zehn Minuten noch schnell das Hungerproblem in Afrika. Natürlich lässt sich nicht mit Sicherheit sagen, ob diese Lösungen umsetzbar sind und einen konstruktiven Beitrag zur Diskussion liefern. Doch aus der oben erwähnten Untersuchung lässt sich schließen, dass man die Ideen Jugendlicher nicht voreilig als naiv und unbrauchbar verwerfen sollte. Denn ihr Gehirn ist noch offen für einen Forschergeist, der zu neuen kreativen Sichtweisen führen kann, die sich im Gehirn eines Erwachsenen bisweilen zu einem leidigen Tunnelblick verengt haben. Auch wenn es fraglich bleibt, wie der politische Dialog am günstigsten zu initiieren wäre, kann die Hirnforschung doch zeigen, dass er auf jeden Fall sehr gewinnbringend sein könnte.

Zum Abschluss

Die hier geschilderten Szenarien geben einen Eindruck davon, zu wie vielen Dingen das Gehirn eines Teenagers fähig ist; hier wurden nur vier davon vorgestellt. In den letzten Jahren rückten Teenager und deren pubertierende Gehirne zunehmend in den Blickpunkt des Interesses, doch die Schlagzeilen waren häufig alles andere als positiv. In diesem Buch wollte ich deutlich machen, dass ihre Planungsschwierigkeiten, ihre Suche nach Herausforderungen und Gefahren und die Wertschätzung, die Jugendliche den Ansichten ihrer Freunde entgegenbringen, auf Veränderungen des Gehirns zurückgehen. Diese Veränderungen verlaufen mitunter prekär und verwirrend, zugleich sind sie aber auch ganz normal. Wie wir in diesem Kapitel gesehen haben, ist die Adoleszenz glücklicherweise nicht nur eine Zeit, in der uns nichts anderes übrig bleibt, als abzuwarten, bis sich das schwierige Gehirn des Teenagers wieder beruhigt, denn in dieser Zeit bietet dieses schwierige Gehirn den Jugendlichen auch eine Fülle von Möglichkeiten, sich zu einzigartigen Individuen zu entwickeln. Jeder, der sich noch gut an die Adoleszenz erinnern kann, sollte einmal daran zurückdenken. Worin waren Sie besonders begabt?

Danksagung

Wissenschaftlich arbeitet man nie allein. Auch ich konnte dieses Buch nur dank dessen schreiben, was ich von meinen Lehrern und Forscherkollegen gelernt habe. Ich bin meinen Kollegen, vor allem den Mitarbeitern der Abteilung für Entwicklungspsychologie und des Brain & Development Laboratory in Leiden für die angenehme und inspirierende Zusammenarbeit dankbar. Mein Dank gilt außerdem den Kollegen und Familienangehörigen, die dazu bereit waren, Teile des Manuskripts Korrektur zu lesen: Adrie Crone-Venneman, Menno de Haas, Linda van Leijenhorst, Serge Rombouts, Harry Uylings, Michiel Westenberg und Reinout Wiers. Ich habe dieses Buch während meiner Schwangerschaft und in den ersten Wochen nach der Geburt meiner Tochter Sascha geschrieben. Ich bin dankbar dafür, dass es sie gibt und sie mein ganzes Leben so schön macht.

Quellen

Adleman, N. E., Menon, V., u. a., »A developmental fMRI study of the Stroop color-word task«, in: *Neuroimage,* 16, 2002, S. 61–75.

Adolphs, R., »Cognitive neuroscience of human social behavior«, in: *Nature Reviews*, 4, 2003, S. 165–178.

Anderson, S. W., Bechara, A., Damasio, H., Tranel, D. und Damasio, A. R., »Impairment of social and moral behavior related to early damage in human prefrontal cortex«, in: *Nature Neuroscience*, 2, 1999, S. 1032–1037.

Arnett, J. J., »Adolescent Storm and Stress, Reconsidered«, in: *American Psychologist*, 54, 1999, S. 317–326.

Arnett, J. J., »Emerging adulthood: A theory of development from the late teens through the twenties«, in: *American Psychologist*, 55, 2000,S. 469–480.

Aron, A. R. und Poldrack, R. A., »Cortical and subcortical contributions to Stop signal response inhibition: role of the subthalamic nucleus«, in: *Journal of Neuroscience*, 26, 2006, S. 2424–2433.

Aron, A. R., Robbins, T. W., u. a., »Inhibition and the right inferior frontal cortex«, in: *Trends in Cognitive Sciences*, 8, 2004, S. 170–177.

Baird, A. A., »Behavioral and neurobiological metamorphosis in adolescence«, Vortrag auf dem Adolescent Expert Meeting, Leiden 2007.

Baird, A. A., »Moral reasoning in adolescence: The integration of emotion and cognition«, in: Sinnott-Armstrong, W. (Hrsg.), Moral Psychology, Cambridge, MA, 2008.

Barcelo, F. und Knight, R. T, »Both random and perseverative errors underlie WCST deficits in prefrontal patients«, in: *Neuropsychologia*, 40, 2002, S. 349–356.

Bartels, A. und Zeki, S., »The neural correlates of maternal and romantic love«, in: *Neuroimage*, 21, 2004, S. 1155–1166.

Bechara, A., Damasio, A. R., Damasio, H. und Anderson, S.W.,

»Insensitivity to future consequences following damage to human prefrontal cortex«, in: *Cognition*, 50, 1994, S. 7–15.

Bechara, A., Damasio, H., Tranel, D. und Damasio, A. R., »Deciding advantageously before knowing the advantageous strategy«, in: *Science*, 275, 1997, S. 1293–1295.

Blakemore, S. J. und Choudhury, S., »Development of the adolescent brain: implications for executive function and social cognition«, in: *Journal of Child Psychology and Psychiatry and allied disciplines*, 47, 2006, S. 296–312.

Booth, J. R., Burman, D. D., u. a., »Neural development of selective attention and response inhibition«, in: *Neuroimage*, 20, 2003, S. 737–751.

Bos, W. van den, Dijk, E. van, Westenberg, P. M., Rombouts, S. A. R. B. und Crone, E. A. (Manuskript), »Brain Regions Supporting Reciprocity«, Brain & Development Laboratory 2008.

Braver, T. S., Cohen, J. D., u. a., »The role of prefrontal cortex in normal and disordered cognitive control: A cognitive neuroscience perspective«, in: Stuss, D. T, und Knight, R. T., Principles of Frontal Lobe Function, New York, NY, 2002, S. 428 bis 447.

Broca, P., «Remarks on the seat of the faculty of articulate language, followed by an observation of aphemia«, in: Thomas, C. C., Some papers on the Cerebral Cortex, Springfield, Illinois, 1960, S. 49–72.

Brocki, K. C. und Bohlin, G., »Executive functions in children aged 6 to 13: a dimensional and developmental study«, in: *Developmental Neuropsychology*, 26, 2004, S. 571–593.

Brooks-Gunn, J., Graber, J. A. und Paikoff, R. L., »Studying links between hormones and negative affect: Models and measures«, in: *Journal of Research on Adolescence*, 4, 1994, S. 469 bis 486.

Brooks-Gunn, J. und Warren, M. P., »Biological and social contributions to negative affect in young adolescent girls«, in: *Child Development*, 60, 1998, S. 40–55.

Brown, B., »Adolescents' relationships with peers«, in: Lerner, R., und Steinberg, L., (Hrsg.), Handbook of Adolescent Psychology, 2. Aufl., New York 2004.

Brown, T. T., Lugar, H. M., u. a., »Developmental changes in human cerebral functional organization for word generation«, in: *Cerebral Cortex*, 15, 2005, S. 275–290.

Brown, T. T., Petersen, S. E., u. a., »Does human functional brain organization shift from diffuse to focal with development?«, in: *Developmental Science*, 9, 2006, S. 9–11.

Buchanan, C. M., Eccles, J. und Becker, J., »Are adolescents the victims of raging hormones? Evidence for activational effects of hormones on moods and behavior at adolescence«, in: *Psychological Bulletin*, 111, 1992, S. 62–107.

Bunge, S. A., Dudukovic, N. M., u. a., »Immature frontal lobe contributions to cognitive control in children: evidence from fMRI«, in: *Neuron* 33, 2002, S. 301–311.

Carskadon, M. A., Acebo, C. und Jenni, O. G, »Regulation of adolescent sleep: Implications for behavior«, in: *Annuals of the New York Academy of Sciences*, 1021, 2004, S. 276–291.

Casey, B. J., Cohen, J. D., u. a., »Activation of prefrontal cortex in children during a nonspatial working memory task with functional MRI«, in: *Neuroimage*, 2, 1995, S. 221–229.

Casey, B. J., Tottenham, N., Liston, C. und Durston, S., »Imaging the developing brain: What have we learned about cognitive development?«, in: *Trends in Cognitive Science*, 9, 2005, S. 104–110.

Crone, E. A. und Molen, M. W. van der, »Development of decision making in school-aged children and adolescents: evidence from heart rate and skin conductance analysis«, in: *Child Development*, 78, 2007, S. 1288–1301.

Crone, E. A. und Molen, M. W. van der, »Developmental changes in real-life decision-making: performance on a gambling task previously shown to depend on the ventromedial prefrontal cortex«, in: *Developmental Neuropsychology*, 25, 2004, S. 251 bis 279.

Crone, E. A., Ridderinkhof, K. R., u. a., »Switching between spatial stimulus-response mappings: a developmental study of cognitive flexibility«, in: *Developmental Science*, 7, 2004, S. 443 bis 455.

Crone, E. A., Donohue, S. E., u. a., »Brain regions mediating flexible rule use during development«, in: *Journal of Neuroscience*, 26, 2006, S. 11239–11247.
Crone, E. A., Wendelken, C., Donohue, S., Leijenhorst, L. van und Bunge, S. A., »Neurocognitive development of the ability to manipulate information in working memory«, in: *Proceedings of the National Academy of Sciences USA*, 103, 2006, S. 9315–9320.
Crone, E. A., Zanolie, K., Leijenhorst, L. van, Meel, C. S. van, Rombouts, S. A. und Westenberg, P. M., »Brain regions underlying the development of performance monitoring«, in: *Cognitive, Affective and Behavioral Neuroscience*, 8, 2008, S. 165–177.
Curtiss, S. (Hrsg.), »Genie: Psycholinguistic Study of a Modern-day Wild Child«, London 1977.

Damasio, A. R., »Descartes' Irrtum«, Berlin 2004.
Damasio, A. R., »The somatic marker hypothesis and the possible functions of the prefrontal cortex«, in: *Philosophical Transactions of the Royal Society of London, Series b, Biological Sciences*, 351, 1996, S. 1413–1420.
Damasio, H., Grabowski, T., Frank, R., Galaburda, A. M. und Damasio, A. R., »The return of Phineas Gage: clues about the brain from the skull of a famous patient«, in: *Science*, 264, 1994, S. 1102–1105.
Davidson, M. C., Amso, D., u. a., »Development of cognitive control and executive functions from 4 to 13 years: evidence from manipulations of memory, inhibition, and task switching«, in: *Neuropsychologia*, 44, 2006, S. 2037–2078.
Diamond, A., »Normal development of prefrontal cortex from birth to young adulthood: cognitive functions, anatomy and biochemistry«, in: Stuss, D. T, und Knight, R. T., Principles of Frontal Lobe Function, New York, NY, 2002, S. 466–503.
Duijvenvoorde, A. van, Zanolie, K., Raaijmakers, M. E. J., Rombouts, S. A. R. B. und Crone, E. A., »Evaluating the negative or valuing the positive? Neural Mechanisms Supporting Feedback-Based Learning across Development«, in: *Journal of Neuroscience*, 28, 2008, S. 9495–9503.

Durston, S., Davidson, M. C., u. a., »A shift from diffuse to focal cortical activity with development«, in: *Developmental Science*, 9, 2006, S. 1–8.

Durston, S., Thomas, K. M., u. a., »A neural basis for the development of inhibitory control«, in: *Developmental Science*, 5, 2002, F9–F16.

Eisenberg, N., Cumberland, A., Guthrie, I. K., Murphy, B. C. und Shepard, S. A., »Age changes in prosocial responding and moral reasoning in adolescence and early adulthood«, in: *Journal of Research on Adolescence*, 15, 2005, S. 235–260.

Ekman, P., Campos, J., Davidson, R. J., Waal, F. de, »Emotions Inside Out«. Annals of the New York Academy of Sciences, New York 2003.

Ernst, M., Nelson, E. E., Jazbec, S., McClure, E. B., Monk, C. S., Leibenluft, E., u. a., »Amygdala and nucleus accumbens in response to receipt and omission of gains in adults and adolescents«, in: *Neuroimage*, 25, 2005, S. 1279–1291.

Eslinger, P. J., Flaherty-Craig, C. V., u. a., »Developmental outcomes after early prefrontal cortex damage«, in: *Brain and Cognition*, 55, 2004, S. 84–103.

Everitt, B. J., Belin, D., Economidou, D., Pelloux, Y., Dalley, J. W. und Robbins, T. W., »Neural mechanisms underlying the vulnerability to develop compulsive drug-seeking habits and addiction«, in: *Philosophical Transactions of the Royal Society of London, Series b, Biological Sciences*, 363, 2008, S. 3125–35.

Freud, A., »Adolescence«, in: *Psychoanalytic Study of the Child,* 15, 1958, S. 255–278.

Frith, U. und Frith, C. D., »Development and neurophysiology of mentalizing«, in: *Philosophical Transactions of the Royal Society of London, Series b, Biological Sciences*, 358, 2003, S. 459 bis 473.

Fuster, J. M., »The prefrontal cortex – an update: Time is of the essence«, in: *Neuron*, 30, 2001, 319–333.

Gallese, V., Fadiga, L., Fogassi, L. und Rizzolatti, G., »Action recognition in the premotor cortex«, in: *Brain*, 119, 1996, S. 593 bis 609.

Gallese, V., Keysers, C., und Rizzolatti, G., »A unifying view of the basis of social cognition«, in: *Trends in Cognitive Sciences*, 8, 2004, S. 396–403.

Galvan, A., Hare, T. A., Davidson, M., Spicer, J., Glover, G. und Casey, B. J., »The role of ventral frontostriatal circuitry in reward-based learning in humans«, in: *Journal of Neuroscience*, 25, 2005, S. 8650–8656.

Galvan, A., Hare, T. A., Parra, C. E., Penn, J., Voss, H., Glover, G., u. a., »Earlier development of the accumbens relative to orbitofrontal cortex might underlie risk-taking behavior in adolescents«, in: *Journal of Neuroscience*, 26, 2006, S. 6885 bis 6892.

Gardner, H. (1993), Multiple Intelligences: The Theory in Practice. New York: Basic Books.

Gardner, M. und Steinberg, L., »Peer influence on risk taking, risk preference, and risky decision making in adolescence and adulthood: An experimental study«, in: *Developmental Psychology*, 41, 2005, S. 625–635.

Gazzaniga, M. S., »The Cognitive Neurosciences III«, Cambridge, MA, 2004.

Gehring, W. J. und Knight, R. T., »Prefrontal-cingulate interactions in action monitoring«, in: *Nature Neuroscience*, 3, 2000, S. 516–520.

Gogtay, N., Giedd, J. N., Lusk, L., Hayashi, K. M., Greenstein, D., Vaituzis, A. C., u. a., »Dynamic mapping of human cortical development during childhood through early adulthood«, in: *Proceedings of the National Academy of Sciences USA*, 101, 2004, S. 8174–8179.

Goldman-Rakic, P., »Topography of cognition – parallel distributed networks in primate association cortex«, in: *Annual Review of Neuroscience*, 11, 1988, S. 137–156.

Grafman, J., »Alternative Frameworks for the Conceptualization of Prefrontal Lobe Functions«, Amsterdam 1994.

Greene, J. D., Sommerville, R. B., Nystrom, L. E., Darley, J. M.

und Cohen, J. D., »An fMRI investigation of emotional engagement in moral judgement«, in: *Science*, 293, 2001, S. 2105 bis 2108.

Guroglu, B., »Development of Dyadic Peer Relationships: Friendships and Antipathies«, Dissertation Radboud-Universität Nijmegen, 2008.

Hall, G. S., »Adolescence: Its Psychology and its Relation to Physiology, Anthropology, Sociology, Sex, Crime, Religion, and Education (Bd. I & II.)«, Englewood Cliffs, NJ, 1904.

Hartup, W. W., »Social relationships and their developmental significance«, in: *American Psychologist*, 44, 1989, S. 120–126.

Heaton, R. K., Chelune, G. K., Talley, J. L., Kay, G. G. und Curtiss, G. W., »Wisconsin Card Sorting Test Manual: Revised and expanded«, Odessa 1993.

Herba, C. und Phillips, M., »Annotation: Development of facial expression recognition from childhood to adolescence: behavioural and neurological perspectives«, in: *Journal of Child Psychology and Psychiatry and Allied Disciplines*, 45, 2004, S. 1185–1198.

Hooper, C. J., Luciana, M., Conklin, H. M. und Yarger, R. S., »Adolescents'performance on the Iowa gambling task: Implications for the development of decision making and ventromedial prefrontal cortex«, in: *Developmental Psychology*, 40, 2004, S.1148–1158.

Huettel, S. A., Sing, A. W. und McCarthy, G., Functional Magnetic Resonance Imaging, Sunderland, MA, 2004.

Huizinga, M., Dolan, C. V., u. a., »Age-related change in executive function: Developmental trends and a latent variable analysis«, in: *Neuropsychologia*, 44, 2006, S. 2017–2036.

Kandel, D. B., »The parental and peer contexts of adolescent deviance: An algebra of interpersonal influences«, in: *Journal of Drug Issues*, 26, 1996, S. 289–316.

Kaplan, R. M. und Saccuzzo, D. P., »Psychological Testing: Principles, Applications, and Issues«, Belmont, CA, 2005.

Killgore, W. D. S., Oki, M. und Yurgelun-Todd, D. A., »Sex-spe-

cific developmental changes in amygdala response to affective faces«, in: *Neuroreport*, 12, 2001, S. 427–433.
Klingberg, T., Forssberg, H., u. a., »Increased brain activity in frontal and parietal cortex underlies the development of visuospatial working memory capacity during childhood«, in: *Journal of Cognitive Neuroscience*, 14, 2002, S.1–10.
Kohlberg, L., »Justice as reversibility«, in: Laslett, P., und Fishkin, J., (Hrsg.), Philosophy, Politics and Society, Fifth Series, New Haven, CT, 1979.
Kwon, H., Reiss, A. L. und Menon, V., »Neural basis of protracted developmental changes in visuo-spatial working memory«, in: *Proceedings of the National Academy of Sciences USA*, 99, 2002, S. 13336–13341.

LeDoux, J., »Das Netz der Gefühle«, München/Wien 1998.
Leijenhorst, L. van, Meel, C. S. van, Zanolie, K., Westenberg, P. M., Rombouts, S. A. R. B. und Crone, E. A. (Manuskript), »Neural Regions Supporting Risk Anticipation and Outcome Processing across Adolescence«, Brain & Development Laboratory 2008.
Leijenhorst, L. van, Westenberg, P. M. und Crone, E. A., »A developmental study of risky decisions on the cake gambling task: Age and gender analyses of probability estimation and reward evaluation«, in: *Developmental Neuropsychology*, 33, 2008, S. 179–196.
Lejuez, C. W., Aklin, W. M., Zvolensky, M. J. und Pedulla, C. M., »Evaluation of the balloon analogue risk task (BART) as a predictor of adolescent real-world risk-taking behavior«, in: *Journal of Adolescence*, 26, 2003, S. 475–479.
Licht, R., Bakker, D. J., Kok, A. und Bouma, A., »The development of lateral event-related potentials (ERPS) related to word naming: a four year longitudinal study«, in: *Neuropsychologia*, 26, 1988, S. 327–340.
Liegeois, F., Connely, A., Baldeweg, T. und Vargha-Khadem, F. (in Druck), »Speaking with a single cerebral hemisphere: fMRI language organization after hemispherectomy in childhood«, in: *Brain and Language*, 106, S. 195–203

Limb, C. J. und Braun, A. R., »Neural substrates of spontaneous musical performance: an fMRI study of jazz improvisation«, in: *PLoS one*, 27, 2008, e1679.
Loevinger, J., »Revision of the sentence completion test for ego development«, in: *Journal of Personality and Social Psychology*, 48, 1985, S. 420–427.
Luna, B. und Sweeney, J. A., »The emergence of collaborative brain function: fMRI studies of the development of response inhibition«, in: *Annuals of the New York Academy of Sciences*, 1021, 2004, S. 296–309.

May, J. C., Delgado, M. R., Dahl, R. E., Stenger, V. A., Ryan, N. D., Fiez, J. A. und Carter, C. S., »Event-related functional magnetic resonance imaging of reward-related brain circuitry in children and adolescents«, in: *Biological Psychiatry*, 55, 2004, S. 359–366.
Miller, E. K. und Cohen, J. D., »An integrative theory of prefrontal cortex functioning«, in: *Annual Review of Neuroscience*, 24, 2001, S. 167–202.

Nelson, E., Leibenluft, E., McClure, E., und Pine, D., »The social reorientation of adolescence: a neuroscience perspective on the process andits relation to psychopathology«, in: *Psychological Medicine*, 35, 2005, S. 163–174.
Neufang, S., Specht, K., Hausmann, M., Gunturkun, O., Herpertz-Dahlmann, B., Fink, G. R. und Konrad, K. (in Druck), »Sex differences and the impact of steroid hormones on the developing human brain«, in: *Cerebral Cortex*, 19, 2009, S. 464 bis 473.

O'Brien, S. F. und Bierman, K. L., »Conceptions and perceived influence of peer groups: Interviews with preadolescents and adolescents. *Child Development*, 59, 1988, S. 1360–1365.
Olesen, P. J., Nagy, Z., u. a., »Combined analysis of dti and fMRI data reveals a joint maturation of white and grey matter in a fronto-parietal network«, in: *Cognitive Brain Research*, 18, 2003, S. 48–57.

Overman, W. H., Frassrand, K., u. a., »Performance on the Iowa card task by adolescents and adults«, in: *Neuropsychologia*, 42, 2004, S. 1838–1851.

Pantev, C., Engelien, A., Candia, V. und Elbert, T., »Representational cortex in musicians. Plastic alterations in response to musical practice«, in: *Annuals of the New York Academy of Sciences*, 930, 2001, S. 300–314.

Paus, T., Collins, D. L., Evans, A. C., Leonard, G., Pike, B. und Zijdenbos, A., »Maturation of white matter in the human brain: a review of magnetic resonance studies«, in: *Brain Research Bulletin*, 54, 2001, S. 255–266.

Phelps, E. A., O'Conner, K. J., Gatenby, J. C., Grillon, C., Gore, J. C. und Davis, M., »Activation of the left amygdale to a cognitive representation of fear«, in: *Nature Neuroscience*, 4, 2001, S. 437–441.

Piaget, J., »Das Erwachen der Intelligenz beim Kinde«, 3. Aufl., Stuttgart 1969.

Pollak, T. A., Mulvenna, C. M. und Lythgoe, M. F., »The novo artistic behaviour following brain injury«, in: *Frontiers of Neurology and Neuroscience*, 22, 2007, S. 75–88.

Qin, Y., Carter, C. S., Silk, E. M., Stenger, V. A., Fissell, K., Goode, A. und Anderson, J. R., »The change of the brain activation patterns as children learn algebra equation solving«, in: *Proceedings of the National Academy of Science USA*, 101, 2004, S. 5686–5691.

Raven, J., und Raven, J., »Raven Progressive Matrices«, in: McCallum, R. S. (Hrsg.), Handbook of Nonverbal Assessment, New York, NY, 2003, S. 223–240.

Resing, W. C. M. und Drenth, P .J. D., »Intelligentie: weten en meten«, Amsterdam 2001, S. 1–192.

Rilling, J. K., Gutman, D. A., Zeh, T. R., Pagnoni, G., Berns, G. S. und Kilts, C. D., »A neural basis for social cooperation«, in: *Neuron*, 35, 2002, S. 395–405.

Rivera, S. M., Reiss, A. L., Eckert, M. A. und Menon, V., »Developmental changes in mental arithmetic: evidence for increased functional specialization in the left inferior parietal cortex«, in: *Cerebral Cortex*, 15, 2005, S. 1779–1790.

Rubia, K., Russell, T., u. a., »Mapping motor inhibition: conjunctive brain activations across different versions of go/no-go and stop tasks«, in: *Neuroimage*, 13, 2001, S. 250–261.

Sanfey, A. G., Rilling, J. K., Aronson, J. A., Nystrom, L. E. und Cohen, J. D., »The neural basis of economic decision-making in the ultimatum game«, in: *Science*, 300, 2003, S. 1755–1758.

Schaffer, H. R., »Social Development«, Oxford 1996.

Schroeter, M. L., Zysset, S., u. a., »Prefrontal activation due to Stroop interference increases during development – an event-related fNRIS study«, in: *Neuroimage*, 23, 2004, S. 1317 bis 1325.

Selman, R. L., »Die Entwicklung des sozialen Verstehens«, Frankfurt am Main 1984.

Shaw, P., Greenstein, D., Lerch, J., Clasen, L., Lenroot, R., Gogtay, N., Evans, A., Rapoport, J. und Giedd, J., »Intellectual ability and cortical development in children and adolescents«, in: *Nature*, 440, 2006, S. 676–679.

Simons-Morton, B., Lerner, N. und Singer, J., »The observed effects of teenage passengers on the risky driving behavior of teenage drivers«, in: *Accident Analysis and Prevention*, 37, 2005, S. 973–982.

Singer, T., »The Neuronal Basis of Empathy and Fairness«, Novartiss Foundation Symposium 2007.

Sisk, C. L. und Foster, D. L., »The neural basis of puberty and adolescence«, in: *Nature Neuroscience*, 7, 2004, S. 1040–1047.

Sisk, C. L. und Zehr, J. L., »Pubertal hormones organize the adolescent brain and behavior«, in: *Frontiers in Neuroendocrinology*, 26, 2005, S. 163–174.

Smetana, J. G., »Social domain theory: Consistencies and variations in children's moral and social judgments«, in: Killen, M., und Smetana, J. G., (Hrsg.), Handbook of Moral Development, Mahwah, NJ, 2006, S. 119–154.

Somsen, R. J., Molen, M. W. van der, u. a., »Wisconsin Card

Sorting in adolescents: analysis of performance, response times and heart rate«, in: *Acta Psychologica*, 104, 2000, S. 227–257.
Sowell, E. R., Thompson, P. M., Leonard, C. M., Welcome, S. E., Kan, E. und Toga, A.W., »Longitudinal mapping of cortical thickness and brain growth in normal children«, in: *Journal of Neuroscience*, 24, 2004, S. 8223–8231.
Stams, G. J., Brugman, D., Dekovic, M., Rosmalen, L. van, Laan, P. van der und Gibbs, J. C., »The moral judgment of juvenile delinquents: A meta-analysis«, in: *Journal of Abnormal Child Psychology*, 34, 2006, S. 697–713.
Steinberg, L., »Cognitive and affective development in adolescence«, in: *Trends in Cognitive Sciences*, 9, 2005, S. 69–74.
Steinberg, L., »Risk taking in adolescence: What changes and why?«, in: *Annuals of the New York Academy of Sciences*, 1021, 2004, S. 51–58.
Steinberg, L. und Morris, A. S., »Adolescent development«, in: *Annual Reviews of Psychology*, 52, 2001, S. 83–110.
Stroop, J. R., »Studies of interference in serial verbal reactions«, in: *Journal of Experimental Psychology*, 18, 1935, S. 643–662.

Tamm, L., Menon, V., u. a., »Maturation of brain function associated with response inhibition«, in: *Journal of the American Academy of Child and Adolescent Psychiatry*, 41, 2002, S. 1231–1238.
Thomas, K. M., Drevets, W. C., Whalen, P. J., Eccard, C. H., Dahl, R. E., Ryan, N. D., u. a., »Amygdala response to facial expression in children and adults«, in: *Biological Psychiatry*, 49, 2001, S. 309–316.

Uylings, H. B. M., »Development of the human cortex and the concept of ›critical‹ or ›sensitive‹ periods«, in: *Language Learning*, 56, 2006, S. 59–90.

Wade, A. M., Lawrence, K., Mandy, W. und Skuse, D., »Charting the development of emotion recognition from 6 years of age«, in: *Journal of Applied Statistics*, 33, 2006, S. 297–315.
Wager, T. D. und Smith, E. E., »Neuroimaging studies of wor-

king memory: a meta-analysis«, in: *Cognitive, Affective and Behavioral Neuroscience*, 3, 2003, S. 255–274.
Wechsler, D., »The Measurement of Adult Intelligence«, Baltimore 1939.
Welsh, M. C., Pennington, B. F., u.a., »A normative-developmental study of executive function in children«, in: *Developmental Neuropsychology*, 7, 1991, S. 131–149.
Westenberg, P. M., Hauser, S. T., und Cohn, L. D., »Sentence completion measurement of psychosocial maturity«, in: Hersen, M., (Hrsg.), Comprehensive Handbook of Psychological Assessment. Personality Assessment, Hoboken, NJ, 2004, S. 595–616.
Wildenberg, W. P. M. van den und Molen, M. W. van der, »Developmental trends in simple and selective inhibition of compatible and incompatible responses«, in: *Journal of Experimental Child Psychology*, 87, 2004, S. 201–220.

Zelazo, P. D., »The development of conscious control in childhood«, in: *Trends in Cognitive Sciences*, 8, 2004, S. 12–17.
Zuckerman, M., Eysenck, S. und Eysenck, H. J., »Sensation seeking in England and America: cross-cultural, age, and sex comparisons«, in: *Journal of Consulting and Clinical Psychology*, 46, 1978, S. 139–149.

Register

Bildnachweis

Alle Fotos / Abbildungen von Eveline Crone außer S. 162 o. li Corbis/ Oliver Rossi; S. 162 o. re. Photodisc; S 178 o. li Corbis/ fstop/ Jocelyn Michel; S. 178 o. re. Photodisc